대표적 일본인

기파랑耆婆朗은 삼국유사에 수록된 신라시대 향가 찬기파랑가讚耆婆朗歌의 주인공입니다. 작자 충담忠談은 달과 시내의 잣나무의 은유를 통해 이상적인 화랑의 모습을 그리고 있습니다. 어두운 구름을 헤치고 나와 세상을 비추는 달의 강인함, 끝간 데 없이 뻗어나간 시냇물의 영원함, 그리고 겨울 찬서리 이겨내고 늘 푸른빛을 잃지 않는 잣나무의 불변함은 도서출판 기파랑의 정신입니다.

대표적 일본인

초판 1쇄 발행_ 2011년 06월 20일

지은이_ 우치무라 간조
옮긴이_ 조양욱
펴낸이_ 안병훈
표지디자인_ 김정환
본문디자인_ 디자인캠프

펴낸곳_ 도서출판 기파랑
등록_ 2004. 12. 27 | 제 300-2004-204호
서울시 종로구 동숭동 1-49 동숭빌딩 301호
편집 02)763-8996 | 영업마케팅 02) 3288-0077 | 팩스 02)763-8936
이메일 info@guiparang.com
홈페이지 www.guiparang.com

ISBN_ 978-89-6523-967-3 03910

대표적 일본인

UCHIMURA KANZO
Representative Men of Japan

우치무라 간조

조양욱 옮김

기파랑 에크리Ecrit

일러두기

- 일본 고유명사(인·지명)표기는 외래어 표기법에 따랐음.
- 고유명사는 원칙적으로 처음 나올 때에만 한자를 병기함.

| 이 책에 대하여 |

    일본은 1868년의 메이지유신明治維新으로 새로운 나라 일으키기에 나섰다. 서양 여러 나라의 제도와 문물을 탐욕스럽게 받아들여 근대국가의 초석을 다져나갔던 것이다. 그 과정에서 각 분야의 근대화를 이끌어줄 외국인 전문가들을 일본으로 초빙하는 한편, 우수한 인재들을 외국으로 파견하여 직접 서양 문물의 진수眞髓를 터득하도록 만들기도 했다.

    예로부터 일본인들은 남의 장점을 취하고, 내 단점은 미련 없이 버리는 탁월한 재능을 지니고 있었다. 6세기 말, 일본의 실권자가 된 쇼토쿠聖德 태자가 토착 종교인 신도神道와 중국에 뿌리를 둔 생활 규범적 도덕률이라 할 유교, 그리고 당시로서는 가장 선진 문화였던 불교의 에센스만을 골라 '일본문화의 원류'를 창안한 것이 바로 그 좋은 예라 할 수 있다. 그것을 일러 일본인들은 쇼토쿠 태자의 '습합習슴 사상'이라 부른다.

    그런 의미에서 메이지유신은 제2의 습합 운동이라 할 수 있었다. 이제까지의 스승으로부터 익힌 동양문화에다 서양문화를 슬그머니 가미하여 환골탈태를 시도했으니까 말이다. 그렇게 미국과 유럽 선진국을 모델로 삼아 공부하면서, 엉뚱한(?) 욕심을 낸 일본인들이 나타났다. 그들은 스승으로 하여금 제자의 나라를 좀더 올바르게 알아달라고 당당하게 요구하고 나선 것이나 다름없었다. 그 요구는 처음부터 아예 영어로 쓴 책의 형태를 띠었다.

교육자인 니토베 이나조新渡戶稻造의《무사도武士道》, 미술학자 오카쿠라 덴신岡倉天心의《차茶에 관한 책》, 그리고 당대 일본 기독교의 대표적 지도자였던 우치무라 간조內村鑑三가 낸《대표적 일본인》(원제; 代表的 日本人)은 그 시절 일본의 지성이 서양인에게 여봐란 듯이 내민 책 가운데 가장 빼어난 저작으로 꼽히고 있다.

그 중 우치무라가《대표적 일본인》의 초판(당시의 원제; 일본 및 일본인)을 낸 것은 청일전쟁이 한창일 때였다. 그래서 초판 서문에는 '황해 해전 이틀날 일본 교토京都에서'라고 밝히고 있다. 정확한 날짜는 1894년 9월18일이었다. 문제는 이 때만 해도 우치무라가 청일전쟁을 '의로운 전쟁'으로 착각했다는 사실이다.

나중에 전쟁이 끝날 무렵에야 그는 자신의 잘못을 깨달

아 러일전쟁 직전에는 철저한 비전론자非戰論者로 돌아섰으며, 1908년에 개정판을 내면서 내용의 일부에 손질을 가하게 된다.

그 같은 곡절이 있었음에도 불구하고 이 책에는 우치무라의 짙은 내셔널리즘의 색채가 덧씌워져 있음을 부인하지 못한다. 정한론征韓論을 주장한 사이고 다카모리西鄕隆盛를 다룬 첫째 장이 유난히 그러하다.

그는 임진왜란을 일으켰던 도요토미 히데요시豊臣秀吉를 사이고와 나란히 들먹이면서 '일본 역사상 가장 위대한 두 인물'로 한껏 추켜 세워 놓았다. 그 이유가 "두 사람 다 대륙 방면에 야망을 갖고 세계를 활동 무대로 삼았기 때문"이라 했고, 급기야는 "도요토미의 위대함은 나폴레옹을 닮았다"고 했으니 그저 아연할 따름이다.

우치무라는 퀘이커 교도로 잘 알려진 유명한 사상가 고故 함석헌咸錫憲 옹과, 종교인이자 교육자였던 김교신金敎臣 선생에게도 큰 영향을 미친 것으로 전해진다.

이밖에도 그의 10권 짜리 전집이 한국어로 번역 출간되어 있기도 하다. 그런 여러 사정을 감안하자면 우치무라의 내셔널리즘은 '한 시절의 객기客氣' 쯤으로 치부함직도 하다.

실제로 한반도가 일본 제국주의의 군화 아래 짓밟힐 위

기에 처하자 우치무라는 우리 민족을 향해 따뜻한 시선을 던지기 시작한다. 을사 5조약으로 우리의 외교권이 일본으로 넘어간지 이태가 지난 1907년 10월, 우치무라가 《성서연구》에 게재한 '행복한 조선국'이라는 제목의 글도 그렇다.

> 행복한 조선국, 그대는 이제 정치적 자유와 독립을 잃고 심령적 자유와 독립을 얻어가고 있는 것 같다. 바라건대 과거에는 동양문화의 중심이 되어 해동의 섬나라에까지 영향을 끼쳤던 그대가 이제 다시금 동양 복음의 중심이 되어 그 광휘光輝를 사방에 뿌려주었으면 한다.

이 책은 영어판 발간 직후 독일어와 덴마크어로도 발간되었다. 또 일본 국내에서도 선풍적인 인기를 끌어 1세기가 지난 오늘날에도 여러 출판사가 일본어판을 내놓고 있다.

한국어로 옮기면서 이와나미岩波 문고로 나온 스즈키 노리히사鈴木範久 씨의 번역에 크게 의존했다는 사실과, 《인물일본사》라는 타이틀로 냈던 것을 다시 다듬었음을 여기 새겨두어야 마땅할 것 같다.

2011년 늦은 봄 조양욱

| 머리말 |

이 글은 13년 전인 청일전쟁 중에 《일본 및 일본인Japan and the Japanese》라는 제목으로 출판되었던 책의 개정판입니다. 그 책의 주요 부분을 포함하여, 친절한 분들의 손으로 여러 곳에 정정을 가한 것입니다. 청년기에 품고 있던 일본에 대한 나의 애착은 완전히 식어버렸지만, 일본인이 지닌 많은 미덕에 대해 눈을 감을 수는 없습니다.

일본이 지금도 여전히 '나의 기도, 나의 바람, 나의 힘을 아끼지 않고' 보낼 유일한 국토라는 사실에는 변함이 없습니다. 일본인이 지닌 장점—우리에게 있기 쉬운 무비판적인 충성심이나 피비린내 나는 애국심과는 다른 것—을 바깥 세상에 알리는데 조그만 보탬이 되었으면 하는 것이, 필경 외국어로 쓰는 나의 마지막 저술이 될 이 책의 목적입니다.

1908년 1월 8일 도쿄 근교에서
우치무라 간조

| 차례 |

이 책에 대하여 4

서문 9

사이고 다카모리
西郷隆盛

1 메이지유신 14
2 탄생, 교육, 계시 20
3 유신혁명에서의 역할 29
4 한반도 문제 37
5 모반자로서의 사이고 43
6 생활과 인생관 48

우에스기 요잔
上杉鷹山

1 봉건제 68
2 사람과 사업 73
3 행정개혁 80
4 산업개혁 86
5 사회와 도덕의 개혁 91
6 인간성 99

니노미야 손토쿠	1	20세기 초의 일본 농업 108
二宮尊德	2	소년시절 111
	3	시련 116
	4	개인적인 원조 131
	5	공공사업 일반 139

나카에 도쥬	1	일본의 옛 교육 154
中江藤樹	2	소년시절과 자각 161
	3	어머니 숭배 166
	4	오우미의 성인 169
	5	내면의 사람 182

니치렌	1	일본의 불교 196
日蓮	2	생애와 출가 206
	3	안팎의 암흑 210
	4	선언 222
	5	홀로 세상에 맞서다 226
	6	유배 233
	7	최후의 날들 238
	8	인물평 241

메이지유신의 1등 공신.
남부 지방 사쓰마 번薩摩藩 출신.
호는 남주南洲. 에도江戸시대 말기의 막부幕府 타도 운동에
적극 가담했다.

1868년, 일본 동부지역 정벌을 위한 동정東征 대총독大總督의
참모로 활약. 전군을 지휘하여 에도 성(城)에 무혈 입성했다.
육군 대장 겸 참의參議에 오름.
1873년 메이지 새 정부가 그의 정한론征韓論을 받아들이지 않
자 이에 반발하여 관직을 사퇴하고 낙향했다. 그 자신은 야심
이 없었으나 중앙 정부에 불만을 품은 사쓰마 무사들의 옹립
을 받음.
1877년 반란을 일으켰다(=西南전쟁). 전쟁에 패하여 자결한
뒤 역적으로 몰렸으나,
1889년 정3위(正3位)로 추증追贈되었다.

사이고 다카모리 西鄕隆盛

(1827~1877년)

1- 메이지유신

일본이 '하늘天'의 명을 받아 처음으로 푸른 바다에서 모습을 드러냈을 때*, "해日의 근본이여木, 그대의 문안에 머물러 불러낼 때까지는 세상과 접하지 말라"는 '하늘'의 지시가 있었다. 일본은 2천여 년에 걸쳐 이를 지켜왔다. 그로 인해 일본의 바다로는 여러 외국 함대가 찾아오지 않았으며, 해안을 침략 당하는 일도 없었다.

오랜 세월 이어진 일본의 쇄국을 비난하는 것은 정말이지 천박한 생각이다. 일본에 쇄국을 명한 것은 최고의 지자智者이며, 일본은 다행스럽게도 그 명에 따랐다. 그것은 세

---

*영국 시인 톰슨 James Thomson (1700-48년), 의 희곡 'Alfred' 가운데 나오는 영국에 관한 이야기를 일본으로 바꿔놓은 것.

상으로서도 바람직한 일이었다. 지금도 여전히 좋은 일이다. 세계로부터 격절隔絕되어 있는 것이 반드시 그 나라의 불행은 아니다.

자상한 아버지라면 누구나, 자신의 어린 아이를 문명 개화시킨답시고 세상으로 밀어내는 짓을 하지는 않을 것이다. 세계와의 교통이 비교적 열려 있던 인도는, 너무 쉽게 유럽의 욕망의 미끼가 되고 말았다. 잉카제국과 몬테스마*의 평화로운 나라가 세계로부터 어떤 꼴을 당했는지 잘 알 것이다. 일본의 쇄국이 비난받고 있지만, 만약 문을 열었더라면 수많은 크라이브**와 코르테스***가 제 마음대로 밀어닥쳤으리라. 흉기를 든 강도들이 문단속을 단단히 하고 있는 집으로 들어가려 할 때, 똑같은 비난을 늘어놓을 것임에 틀림없다.

그걸 보더라도 일본이 바다와 대륙으로 사방이 둘러싸여 세계로부터 격리되어 틀어박혀 있었던 것이 섭리 덕택이었음을 깨달을 수 있다. 정해진 시간에 앞서서 탐욕스런 무리들이 이따금 일본으로의 침입을 시도했으나, 일본은

---

* 멕시코 아스테카제국의 2대 황제 몬테스마 2세 Montezuma Ⅱ (1466-1520년).
**영국 군인 Robert Clive (1725-74년), 동인도회사의 벵갈 총독.
***스페인 군인 Heman Cortes (1485-1547년), 아스테카 제국의 몬테스마 2세를 처부수고 누에바 에스파냐 제독으로 취임했다.

사이고 다카모리 15

완고하게 개국을 거절해 왔다. 그것은 영락없는 자기 방위의 본능에서 나온 행위였다. 세계와의 교류가 생겨날 때, 우리가 진짜 자신의 것이라고 말할 수 있는 특징조차 지니지 못한 무형의 존재로 세계에 먹혀버리지 않으려면, 우리의 국민성이 충분하게 형성되기를 기다릴 필요가 있었던 것이다. 그들(세계) 역시 우리를 동료로 맞아들이기 전에 아직 더 개선할 필요가 있었다.

1868년에 일어난 일본의 유신 혁명은, 두 개의 분명히 다른 문명을 대표하는 두 민족이 서로 멋진 교제를 하게 되는 세계사의 일대 전기轉機를 뜻하는 것이었다. '진보적인 서양'은 무질서한 진보를 억제하게 되고, '보수적인 동양'은 안일한 잠에서 깨어나게 된 계기였다고 본다. 이로써 이제 서양인이나 동양인의 구분이 사라져, 똑같이 인도人道와 정의 아래 존재하는 인간이 되었다.

일본이 눈뜨기 전에는 세계의 일부에 서로 등을 돌리고 있던 지역이 있었다. 그것이 일본에 의해, 일본을 통해, 서로 얼굴을 마주보게 되었다. 유럽과 아시아의 바람직한 관계를 이끌어내는 것은 일본의 사명이다. 오늘의 일본은 주어진 그 일에 열심히 매달리고 있는 중이다.

이렇게 해서 우리의 긴 쇄국은 종언을 고하려 했다. 쇄국에 종지부를 찍기 위해서는 인간과 기회가 필요했다. 태평양의 양안兩岸에 위치하는 중국과 캘리포니아를 거의 동시에 열어 세계의 양쪽 끝을 묶어주기 위해, 일본의 개국이 요구되는 시절이 도래했다. 이것은 외적인 계기였다.

내적으로는 일본에서 최후이자 최대의 봉건정권이 붕괴되고 있었다. 여러 지방이 서로 나뉘어 반목하는 상태에 질려버린 일본인들은, 역사상 처음으로 국가 통일이 중요하고 바람직한 일이라는 사실을 알아차리게 되었다.

그러나 기회를 만들거나, 그것을 이용하거나 다 사람이 있어야 한다. 나는 미국의 매슈 칼브레이스 페리Matthew Calbraith Perry 제독이야말로 세계가 낳은 위대한 인류의 벗이라고 여긴다. 페리의 일기를 읽어보면, 그가 일본 연안을 공격하기 위해 실탄 대신 찬송가를 준비했음을 알 수 있다*. 페리에게 부여된 사명은 은자隱者의 나라의 명예를 해치지 않고, 또 타고난 프라이드를 그냥 내버려둔 채 일본을 눈뜨게 만든다는, 실로 미묘한 과업이었다.

그의 임무는 진짜 선교사의 일 그 자체였다. '하늘'로부터 커다란 도움을 받아 세계를 다스리는 분에게 바치는 많

---

* 페리 제독이 쓴 《일본 원정기》 참조.

은 사람들의 기도와 더불어, 비로소 달성될 일이었다. 세상을 향해 나라의 문을 여는데 있어서, 기독교 신자인 해군 제독이 파견되어온 일본은 참된 행복 그 자체라고 할 수 있었다.

기독교 신자인 제독이 바깥에서 문을 두드리는데 응하여, 안으로부터는 경천애인敬天愛人을 신봉하는 용감하고 정직한 쇼군(將軍= 실질적으로 일본을 통치한 막부의 우두머리)이 답했다. 두 사람은 생애에 한 번도 서로 얼굴을 마주한 적이 없었다. 서로 상대를 칭찬했다는 말도 들은 적이 없다. 그렇지만 두 사람의 생애를 그려보자면, 겉모습이 전혀 다름에도 불구하고 두 사람 속에 깃들인 혼이 똑같다는 사실을 인정하게 된다.

모르는 사이에 두 사람은 공동 작업에 참가했다. 한 사람이 벌인 일을, 나머지 한 사람이 받아서 성취했던 것이다. 이처럼 앞이 흐린 보통 사람의 눈에는 보이지 않더라도, 사려 깊은 역사가의 눈에는 놀랄 만큼 훌륭한 '세계 정신'이 운명의 여신의 옷을 짜는 모습이 보이는 것이다.

이런 사실에서도 알 수 있듯이, 1868년의 유신 혁명은 영원히 가치 있는 모든 혁명과 마찬가지로, 정의와 신의 필연에 이끌려 출발했다. 탐욕에 대해서는 엄중하게 문을 닫고 있던 나라가, 정의와 공정에 대해서는 서슴없이 스스로를 열었던 것이다. 깊은 혼의 밑바닥에서 재촉하는 목소리에 따라, 걸출한 헌신자가 그 문을 세계를 향해 열었던 것이다.

따라서 이 나라에서 자기 세력의 강화를 꾀하려는 자는, '하늘'의 지고한 존재에게 죄를 범하는 꼴이다. 이 나라가 지닌 숭고한 사명을 깨닫지 못하고, 이 세상의 재신財神이 마구 짓밟는 대로 나라를 맡겨두는 자와 다를 게 없다.

2- 탄생, 교육, 계시

　동생인 사이고 쓰구미치西鄕從道와 구별하느라 통상 '대大사이고'로 불리는 위대한 인물이 1827년에 가고시마鹿兒島에서 태어났다. 대 사이고가 처음 이 세상의 빛을 본 땅에는 현재 기념비가 세워져 있다. 거기서부터 그리 멀지 않은 곳에서 2년 뒤에 대 사이고의 저 유명한 유신 혁명의 동지 오쿠보 도시미치大久保利通가 태어난다. 그곳에도 마찬가지로 기념비가 있다.

　사이고의 집안은 자랑할만한 명문이 아니었다. 큰 번(藩 = 각 지역의 영주들이 다스리던 곳)이었던 사쓰마薩摩에서야 '중간 이하'에 지나지 않았다. 그는 아들 넷, 딸 둘인 가정의 큰아들이었다. 소년시절에는 이렇다할 눈에 띄는 점이 없었다. 동작이 느리고 얌전한 소년이어서 또래들 사이에서는 얼간이로 통했다. 소년의 혼魂에 처음으로 의무에 관한 의식이 생겨난 계기는, 먼 친척 한 명이 사이고의 면전에서 할복하는 광경을 목격하고 나서였던 것으로 전해진다. 그 사내는 바야흐로 칼로 배를 찌르려는 순간 소년을 향해, 목숨은 주군主君과 나라를 위해 바치지 않으면 안 된다고 말했다. 소년은 울음을 터트렸다. 그 날 받은 강렬한 인상을 평생 결코 잊지 않았다.

소년은 성장하자 눈이 크고 넓은 어깨가 특징인 뚱뚱한 거구의 사나이로 변했다. 눈동자가 컸던지라 '우도'*라는 별명으로 불렸다. 근육질이어서 스포츠 중에는 스모(相撲=일본 씨름)를 좋아했다. 또한 틈이 나면 산 속으로 돌아다니기를 즐겼다. 그 같은 습관은 평생동안 이어졌다.

젊은 시절부터 왕양명(王陽明=중국 명나라의 유학자 겸 정치가)의 저술에 흥미가 끌렸다. 중국 사상의 하나인 양명학에는 똑같은 아시아에서 기원한 가장 성스러운 종교와 아주 닮은 구석이 있다. 그것은 숭고한 양심을 가르치고, 깊은 은총에서도 철저한 '하늘'의 법을 설파하는 점이다. 우리의

---

*그 지방 사투리로 '구덩이'와 비슷한 뜻.

주인공이 훗날 쓴 글에는 그 영향이 두드러지게 반영되어 있다. 사이고의 글에서 엿보이는 기독교적인 감정은, 한결같이 저 위대한 중국인이 품고 있던 단순한 사상의 증명이었다. 아울러 그것을 남김없이 죄다 섭취하여, 바로 그 실천적인 성격을 빚어 올린 사이고의 위대함까지 말해주고 있다.

사이고는 이 밖에도 불교 가운데에서는 스토익(stoic=금욕적이며 몸가짐이 엄격한)적인 선禪 사상에 꽤 흥미를 보였다. 나중에 친구에게 들려준 이야기에서도 알 수 있듯이 '정情에 여린 내 자신을 억제하기 위해서'였다. 소위 유럽 문화에는 전혀 관심이 없었다. 일본인치고는 아주 도량이 넓고 진보적인 이 인물의 교육은 모조리 동양에 뿌리를 두고 있었던 것이다.

그런데 사이고의 일생을 통하여 일관된 두 개의 현저한 사상이 엿보인다. 다시 말해 '통일 국가'와 '동아시아 정복'이라는 두 사상은 대관절 어디에서 얻어진 것일까? 만약 양명학의 사상을 논리적으로 더듬는다면 그와 같은 결론에 도달하는 것도 불가능하지는 않다. 과거의 정부로부터 체제 유지를 위해 특별히 보호받은 주자학과는 달리, 양명학은 진보적이자 적극적이며 가능성이 넘치는 가르침이었다.

양명학과 기독교의 유사성에 관해서는 지금까지 여러 차례 지적이 있었다. 그런 사실을 이유로 양명학은 일본에서 금지나 다름없는 대접을 받았다. "이건 양명학과 똑같잖아! 제국帝國을 붕괴시키는 것이야." 이렇게 외친 사람은 유신 혁명으로 이름을 날린 조슈長州의 전략가 다카스기 신사쿠高杉晉作였다. 나가사키長崎에서 처음으로 성서를 봤을 때의 일이었다. 바로 그 기독교와 닮은 사상이 일본의 재건을 위한 중요한 요소로서 요구되었던 것이다. 이것은 당시의 일본 역사를 특징짓는 하나의 사실이었다.

사이고가 처한 상황이나 환경도 그 위대한 계획의 형성에 도움이 되었음에 분명하다. 일본의 서남쪽에 위치한 사쓰마는, 같은 방향에서만 찾아오는 유럽의 영향을 받는데 가장 가까운 장소였다. 나가사키와 가깝다는 점도 유리했다. 중앙정부가 공식 허가를 내리기 훨씬 전부터 사쓰마에 속한 섬(지금의 오키나와인 류큐·琉球를 가리킴)에서는 외국 무역이 실제로 행해진 것으로 알려지고 있다.

그러나 외부로부터의 영향 가운데 가장 큰 영향을 사이고는 두 명의 동시대 인물들로부터 받았다. 한 명은 사쓰마 영주인 시마즈 나리아키라島津齊彬였다. 또 한 명은 미토 번水

戶藩의 후지타 도코藤田東湖였다.

시마즈 나리아키라는 누구나 고개를 끄덕이는 비범한 인물이었다. 침착 냉정하고 통찰력이 뛰어났다. 일찌감치 변혁이 필지라고 예견한 뒤, 닥쳐오는 위기에 대비하여 자신의 영지 내에서 여러 개혁을 시행했다. 영국 함대가 1863년에 가고시마 격파를 시도하다가 격렬한 저항에 직면한 적이 있었다. 이처럼 자신의 영지 방어를 튼튼히 한 인물이 나리아키라였다.

또한 스스로 강한 양이攘夷 사상을 지니고 있었음에도 불구하고, 떠들썩하게 반대하는 가신들의 진언을 억누르고 프랑스인을 상륙시켜 정중하게 맞아들인 사람도 바로 그였다. '필요하다면 구태여 전쟁도 마다 않는 평화의 땅'의 영주는 사이고와 마음이 통하는 인물이었다. 가신인 사이고 쪽에서도 그 위대하고 선견지명 있는 영주에게 이후 오랜 세월에 걸쳐 언제나 변함 없는 경의를 표했다. 두 사람의 관계는 친구처럼 친했고, 나라의 장래를 염려하는 마음은 서로가 똑같이 품고 있었다.

그렇지만 중요하고도 훨씬 큰 정신적 감화는 시대의 리더였던 인물로부터 받았다. 그는 '야마토 다마시이(大和魂=일본정신)의 덩어리'인 미토의 후지타 도코였다. 도코는 흡사 일본을 영화靈化한 것 같은 존재였다. 겉보기에 철저하고 날카로워 보이는 용모는 화산인 후지산富士山의 모습이며, 그 속에 성실 자체인 정신이 깃들여 있었다. 정의의 열애자熱愛者이며, '서양 야만인'의 혐오자인 도코 근처에는 다음 세대를 짊어질 젊은이들이 모여들었다. 사이고는 먼 곳에 살면서 도코의 명성을 전해듣게 되자, 영주와 함께 에도(江戶=지금의 도쿄)에 갔을 때 만날 기회를 놓치지 않겠노라면서 찾아갔다. 그럴 수 없이 의기투합한 두 사람의 만남이 실현되었다.

스승이 말했다.

"내가 목하 가슴속에 품고 있는 뜻을 후세에 이어 나가 줄 인간은 이 젊은이를 빼고는 없다."

제자도 말했다.

"천하에 경외해야 마땅할 존재는 한 사람 밖에 없다. 도코 선생님이야말로 바로 그 분이다."

이렇게 해서 국가 통일과, 일본을 유럽과 어깨를 견주는 국가로 만들기 위한 대륙으로의 영토 확장, 그 같은 계획을 실행할 방안이 사이고에게 새로운 감화를 줌으로써 최종적인 형태가 되어 나타난 것으로 여겨진다. 사이고에게는 이제 받들어 살아갈 밝은 이상이 생겨났다. 그 다음은 앞에 놓인 목표를 향하여 저돌적으로 돌진하는 것밖에 없었다.

유신 혁명의 사상의 씨앗은 도코의 치열한 정신에서 싹텄다. 하지만 그것이 현실의 혁명이 되기 위해서는 도코처럼 너무 치열하지 않고, 한결 부드러운 정신의 소유자에게 이식될 필요가 있었다. 도코는 1854년, 지진을 만나 50세로 이 세상을 떠났다.

그의 마음에 둥지를 튼 최초의 이상은 탁월한 제자의 손에 맡겨지게 되었다.

그런데 우리의 주인공이 밤낮으로 산 속을 돌아다니고 있을 때, 빛나는 하늘로부터 직접 목소리가 들려왔던 게 아니었을까? 정적이 감도는 숲에서 '조용하고 가느다란 목소리'*가, 나라와 세계를 위해 풍족한 결과를 안겨줄 사명을 주어 사이고를 지상에 내려보냈음을 끊임없이 속삭였던 것이다.

그와 같은 하늘의 목소리가 들려오지 않았더라면, 어째서 사이고의 글이나 대화 가운데 그토록 자주 '하늘'이라는 단어가 나오는 것일까? 아둔하고 말수가 적으며 순진한

---

*구약성서 열왕기 상 19장 12절에 기록되어 있는 예언자 에리나에게 들린 하느님의 목소리.

사이고는 걸핏하면 자신의 내면 세계에 틀어박히곤 했다. 그리고 거기서 자신과 온 우주를 능가하는 존재를 발견하여 남몰래 대화를 나눈 것으로 믿어진다. 가령 오늘의 팔리자이(Pharisees=고대 유태교에서 율법의 엄수를 주장하여 그리스도와 대립한 일파) 사람이 사이고를 가리켜 이교도라며 욕을 퍼붓고, 미래의 영혼의 행방을 의심했다손 쳐도 개의치 않았던 것이다!

하늘의 도道를 행하는 자는 천하가 죄다 나서서 비난해도 굽히지 않는다. 그 이름을 천하가 죄다 나서서 칭찬해도 교만하지 않는다.

하늘을 상대로 하라. 인간을 상대로 하지 말라. 무엇이건 하늘을 위해 행하라. 인간을 탓하지 말고, 오로지 자신의 성의가 부족했음을 뉘우치라.

법은 우주의 것이며 자연이다. 그러니 하늘을 경외하여 따름으로써 목적으로 삼는 자만이 법을 실행할 수 있다…… 하늘은 모든 인간을 똑같이 사랑한다. 따라서 우리도 자신을 사랑하듯 남을 사랑하지 않으면 안 된다.(나

를 사랑하는 마음으로 남을 사랑해야 한다)

　사이고는 여기에 인용한 말이나 그와 비슷한 말을 많이 했다. 나는 사이고가 이 모두를 '하늘'로부터 직접 들었으리라 믿는다.

3- 유신 혁명에서의 역할

유신 혁명에서의 사이고의 역할을 충분히 기록하자면 혁명의 전사全史를 기록하게 된다. 어떤 의미에서 1868년의 유신 혁명은 사이고의 혁명이었다고 해도 지나침이 없다. 물론 누구인들 홀로 한 나라를 개조하지는 못한다. '새로운 일본'을 사이고의 일본이라는 따위로 말할 마음은 없다. 그것은 그 사업에 관여한 수많은 훌륭한 사람들을 영락없이 무시하는 꼴이다.

분명히 사이고의 동지 중에는 여러 면에서 사이고를 뛰어넘는 인물이 있었다. 경제개혁에 관해서 논하자면 사이고는 필경 무능했으리라. 내정에 관해서는 기도 다카요시木戶孝允나 오쿠보가 더 정통했고, 혁명 후 국가의 평화적인 안정을 꾀하는 일에서는 산조 사네토미三條實美나 이와쿠라 도모미岩倉具視 쪽이 유능했다. 오늘날 일본은 이 사람들 모두가 없었더라면 실현되지 않았으리라.

그럼에도 불구하고 사이고 없이 혁명이 가능했을까 하는 점은 의문이다. 기도나 산조가 없었더라면 혁명이 썩 잘 이뤄지기야 못해도 아마 실현되기는 했으리라. 꼭 필요했던 것은 전체를 시동시키는 원동력이며, 운동을 만들어내어 '하늘'의 전능한 법에 의거하여 운동의 방향을 정하는 정신이었다.

일단 움직이기 시작하여 진로만 정해지면 그 다음은 비교적 간단한 일이었다. 그 대다수는 사이고보다 도량이 좁은 인간이라도 가능한 기계적인 작업이었다. 우리는 사이고의 이름을 새로운 일본제국과 밀접하게 결부시키고 있다. 그 까닭은 사이고의 마음 속에 그려졌다가 나중에 가서 동시대의 세상에서 일어난 온갖 일들에 작용한 힘, 그 힘의 스타터이자 지도자가 바로 사이고였다고 믿기 때문이다.

도코와의 뜻 있는 만남을 가진 뒤 쇼군이 있는 에도로부터 돌아온 사이고는, 즉시 당시 서일본에 대두했던 도막(倒幕=막부 타도) 세력에 참가했다. 학승學僧이자 열광적인 근왕勤王주의자이기도 했던 겟쇼月照와의 사건은 사이고의 뜻을 처음으로 세상에 알리는 기회가 되었다. 도쿠가와德川막부의 맹렬한 추격을 받으며 도망 중이던 승려로부터 보호 요청을 받았으나 도저히 끝까지 지켜주기 어렵다는 사실을 안 사이고가, 객승客僧에게 함께 죽자고 제안하여 동의를 얻었다.

두 사람의 애국자는 달 밝은 밤에 바다로 배를 저어 나가서 '가을 경치에 크게 마음의 위안을 받으면서' 손에 손을 잡고 바다로 몸을 던졌던 것이다. 물소리에 잠에서 깨어난 부하들이 곧장 행방불명자 수색을 개시했다.

두 사람의 몸이 배 위로 끌어올려져 사이고는 숨을 되돌렸다. 그러나 겟쇼의 숨은 돌아오지 않았다. 양어깨에 새로운 국가를 짊어지고 있던 사나이는, 친구에 대한 인정과 친절의 증거로서 자신의 생명까지 아까워하지 않았던 것이다! 뒤에 나오지만 이 연약함-선禪으로 억제하려고 했던 여린 정-이야말로 사이고를 최후의 파멸로 이끌게 된다.

이외에도 도막 운동에 연좌되어 사이고는 두 번이나 남쪽 섬(처음은 1858년의 겟쇼 사건에 의해 아마미오시마·奄美大島, 두 번째는 1862년의 데라다야·寺田屋 소동 후의 도쿠노시마·德之島)에 유배되었다. 1863년의 영국 함대에 의한 포격 후 가고시마로 돌아가 다시 이전의 도막 운동에 복귀했으나, 이번에는 예전보다 신중했다. 사이고의 알선으로 도쿠가와 막부와 조슈 사이에 화해가 성립되었다.

그렇지만 한 해 뒤 도쿠가와 막부가 조슈에 터무니없는 요구를 했고, 조슈 측은 이를 딱 잘라 거절했다. 그 바람에 '조슈 정벌'이 일어나자 사쓰마 번은 사이고의 지시에 따라 막부가 할당한 원정군에 참가할 병력 파견을 거절했다.

당시 사쓰마의 정책이 훗날 유신 혁명사에서 결정적인 의의를 지닌 저 유명한 '삿초(薩長=사쓰마와 조슈) 연합'의 발단이었다. 정벌군의 전면적인 패배와, 외교교섭에서 드러난 형편없는 솜씨에 의해 구舊 정부의 몰락은 의외로 빨리 찾아왔다.

삿쵸 연합군이 붕괴에 직면한 막부정권을 타도하기 위한 조서詔書를 손에 쥔 바로 같은 날, 쇼군은 자진하여 3세기에 걸쳐 이어온 정권을 포기했다. 외견상 아무런 저항조차 없이 정당한 주권자의 복권을 이뤘던 것이다(1867년 11월 14일). 연합군과 동맹군에 의한 교토京都 점거, 12월 9일의 대조환발(大詔渙發=1867년 12월9일에 내려진 왕정복고에 관한 조칙), 쇼군의 니조 성二條城에서의 철수 등이 잇달아 급작스럽게 이뤄졌다.

1868년 1월 3일에는 후시미伏見의 전투로 전쟁이 시작되었다. 관군官軍이 전면적으로 승리를 거뒀고, 이후 적군賊軍으로 몰린 막부 측은 동쪽으로 달아났다. 두 대군大軍이 그 뒤를 쫓았으며, 사이고는 도카이도 군東海道軍을 지휘했다. 4월 4일, 아무 저항 없이 에도 성이 관군에 넘겨졌다. 그 후의 놀랄만한 커다란 영향을 감안하자면, 그 혁명은 역사상 가장 싸게 치인 혁명이었다.

엄청난 헐값에, 더군다나 대단히 효과적으로 그것을 실현한 인물이 사이고였다. 헐값이면서 동시에 효과마저 큰 양면성이 현저하게 드러났다는 사실이야말로 '위대한 사이고'의 표출이리라.

'12월 9일의 대조환발'이 옛 제도에 미친 막대한 영향으로 살피자면, 이에 필적할만한 것은 1790년 7월 14일에 프랑스의 수도에서 행해진 것과 같은 선언*밖에 없으리라.

사이고의 침착 냉정함은 후시미에서 맨 처음 전투의 불꽃이 튀었을 때, 관군들의 유일한 희망이었다. 전선으로부터 사자使者가 달려와 "원군을 보내 주십시오. 단 1개 소대만으로 적의 격렬한 공격을 막고 있습니다"고 보고했다.

---

*프랑스 국민의회에서 1789년 8월26일에 결정된 소위 인권선언. 인간의 자유, 평등, 주권재민을 주창한 것으로 유명하다.

사이고가 이렇게 통고했다. "제군들 전원이 전사하면 보내주지."

사자가 돌아갔다. 적은 격퇴되었다.

이런 사령관이 있는 쪽이 이기지 않을 리가 없다. 도카이도 군이 시나가와品川에 진주했을 때, 가쓰 가이슈勝海舟라는 이름의 옛 친구를 만났다. 막부 편에서는 가쓰 혼자만이 마지막이 다가왔음을 간파하고, 국가를 생존시키기 위해 주가主家의 대권을 희생할 각오가 되어 있었다. 관군 사령관이 옛 정부의 사절에게 위로하듯 물었다.

"이번에 상당히 낭패를 당했겠어?"

가쓰의 대꾸는 이랬다.

"내 처지가 되어보지 않고서야 어떤 심경일지 알 턱이 없지!"

사이고가 너털웃음을 터트렸다. 곤경에 처한 친구를 보고도 명랑했던 것이다! 사이고의 마음은 이제 평화로 기울었다. 교토로 돌아가자 모든 반대를 물리치고 도쿠가와 쇼군과 그 가신에 대한 사면을 주장했다. 그리하여 적군에 유리한 조건을 손에 쥔 뒤 에도로 되돌아갔다.

사이고가 평화를 결단하기 며칠 전의 일이다. 가쓰가 사이고와 함께 아타고 산*으로 산책을 나갔다고 한다. 눈 아래 펼쳐지는 커다란 도시(에도)를 보자 사이고의 심경이 크게 흔들렸다. 친구 쪽을 쳐다보면서 "우리가 일전을 펼치게 되면 이 죄도 없는 사람들이 우리 탓에 고통을 당하게 된다"고 말하더니 한동안 침묵을 지켰다.

사이고의 '정'이 발동했다. 죄 없는 사람들을 위해서는 평화를 안겨주지 않으면 안되었던 것이다. 강한 사람은 약한 사람이 상대가 아닐 때 가장 강한 법이다. 사이고의 강인함의 근저에는 상당히 여성적인 상냥함이 있었다.

에도는 구원을 받아 살아남았고, 화평교섭이 맺어졌다. 도쿠가와 쇼군은 무기를 버리고 성을 천황에게 넘겨주게 되었다.

천황은 정당한 지위를 회복했다. 정당한 주권 아래 국가의 통일이 실현되고, 사이고가 의도하던 방향으로 새 정부가 움직이기 시작했다. 사이고는 주저하지 않고 고향인 사쓰마로 내려가 몇 해 동안 소부대小部隊의 병력 훈련에만 전념했다.

사이고로서는 다른 사람과 달리 아직 전쟁이 끝나지 않

---

*愛宕山 = 도쿄 미나토 구·港區에 있는 산. 정상에 아타고 신사가 있으며, 당시에는 전망이 좋았다고 한다.

았던 것이다. 국가에 미처 도입되어 있지 않은 커다란 사회 변혁을 위해서는 군사력이 필요했다.

사이고의 눈으로 볼 때 통일국가는 이제 첫 단계에 있을 뿐이었고, 또 하나의 다른 목적을 위해서도 군사력이 필요한 것으로 판단되었다.

정부의 부름을 받고 상경한 사이고는 유신 혁명으로 이름을 날린 사람들과 나란히 참의參議라는 요직에 임명되었다. 그러나 사이고의 동료들이 사이고와는 더 이상 행동을 같이 할 수 없다는 결론을 내릴 시기가 찾아왔다.

지금까지는 공통의 목적을 위해 서로 협력해 왔다. 하지만 동료들이 멈추고자 하는 곳을 사이고는 도리어 출발점으로 간주했던지라 마침내 결렬되고 말았다.

4- 한반도 문제

 오직 정복하는 것만을 목적으로 전쟁을 일으키는 것은 사이고의 양심에 반하는 일이었다. 동아시아 정복이라는 사이고의 목적은, 당시의 세계정세로 볼 때 필연적으로 생겨나는 것이었다. 일본이 유럽 열강에 대항하기 위해서는 소유 영토를 상당히 확장하여, 국민 정신을 고양시키기에 충분한 침략책이 필요하다고 판단했던 것이다. 거기에 덧붙여 사이고에게는 어쨌거나 일본이 동아시아의 지도자라는 일대 사명감이 있었던 것으로 비쳐진다.
 약한 자를 괴롭힐 마음은 애당초 없었다. 사이고는 오직 그들로 하여금 강자에게 저항하도록 하여, 거만한 자들을 물리치는 것에 온 정신을 쏟았다. 그가 이상으로 삼았던 영웅은 조지 워싱턴이었다고 한다. 또 나폴레옹 일파를 아주 싫어한 태도로 보자면 사이고가 결코 저속한 야망의 포로가 아니었음을 잘 알 수 있다.

사이고는 이처럼 자기 나라의 사명에 대해 높은 이상을 품고 있었다. 그렇지만 타당한 이유도 없이 전쟁을 벌일 의도는 없었다. 그런 짓을 했다가는 자신이 존경하는 '하늘'의 이치에도 반하고 말리라. 그런데 때마침 기회가 찾아왔다. 당연히 사이고는 그것을 정해진 길을 나아갈 수 있도록 '하늘'이 일본에 내려준 기회로 받아들였다.

일본과 가장 가까우며 대륙의 이웃나라인 조선이, 새 정부가 파견한 몇 명의 사절에게 무례한 태도를 취했던 것이다. 뿐만 아니라 조선은 그 나라에 사는 일본인에게 노골적인 적의를 드러내며, 우호적인 이웃나라의 위엄을 현저하게 손상시키는 포고를 내렸다. 이대로 내버려두어야 하는가? 사이고와 뜻을 같이 하는 이들이 주장했다.

무례함만으로는 아직 전쟁에 돌입하지 못한다. 고관으로 구성된 소수의 사절을 조선 궁중으로 파견하여, 무례에 대한 책임을 추궁하는 편이 낫다. 그래도 여전히 건방지게 굴면서 새로운 사절에게 모욕을 가하거나 신체에 상처를 입힌다고 가정하자. 그 때야말로 조선에 군대를 파견할 신호로 간주하여 '하늘'의 허락 아래 정복해 버리자.

그 임무를 맡을 사절에게는 커다란 책임과 극도의 위험이 따르므로, 사이고 자신이 사절로 임명되기를 희망했다. 정복이 가능하도록 해주려고 그 미끼로서 먼저 자기 자신의 목숨을 던지려 하고 있었던 것이다. 이와 같은 정복 방식은 이제까지의 역사에서는 없었던 일이다.

둔하고 말없는 사이고였으나 조선 사절 문제로 각의閣議에서 논쟁이 벌어지자 불같이 달아올랐다. 자신을 수석 대사로 임명해주도록 동료들에게 호소했고, 그 바람이 이뤄졌을 때의 사이고의 표정은 마치 염원하던 물건을 손에 쥐고 기뻐 어쩔 줄 몰라하는 어린아이와 다를 바가 없었다. 여기 사이고가 친구인 이타가키 다이스케板垣退助에게 보낸 한 통의 편지가 있다. 이타가키가 특별히 애를 쓴 덕으로 사이고 임명이 각의에서 무난히 결정되었던 것이다.

이타가키 님

어제 찾아뵈었지만, 출타 중이셔서 감사의 인사조차 드리지 못하고 되돌아왔습니다. 나의 희망이 모조리 성취된 것은 오로지 애써주신 덕분이었습니다. 이제는 병도 완전히 나았습니다. 너무 기쁜 나머지 하늘을 나는 듯한 기분으로 산조三條 대신 댁을 나와 곧장 귀저貴邸를 찾아갔습니다. 발걸음도 가벼웠습니다. 이제 누가 훼방을 놓을 염려는 없겠지요. 목적이 완수되었으므로 아오야마青山의 집에 대기하면서 발령이 내려지기를 기다릴까 합니다. 우선 감사의 마음만 전해드리기로 합니다.

사이고

바로 이 무렵, 이와쿠라가 오쿠보와 기도木戶 등과 더불어 세계 시찰여행에서 돌아왔다. 그들은 문명을 그 중심지에서 체험하고, 문명이 쾌적한 삶과 행복을 안겨주는 실상實狀을 보고 왔던 것이다. 그들은 외국과의 전쟁 따위는 꿈도 꾸지 않았다. 사이고가 파리나 빈의 생활을 상상조차 하지 못하는 것과 마찬가지였다.

이렇게 해서 이와쿠라 일행은 일치되어, 온갖 권모술책을 다 동원하여 자신들이 없을 때 내려진 각의 결정을 뒤엎는데 전력을 기울였다. 이윽고 산조 대신이 와병 중인 것을 이용하여 자신들의 방침을 관철시키는데 성공했다.

조선으로의 사절 파견 결의는 1873년 11월 28일에 철회되었다. 이제까지 남 앞에서 화를 낸 적이 없는 사이고였으나, '조슈샤류長袖者流'(소매가 긴 옷을 입은 자들이라는 뜻으로 세상물정 모르는 승려나 공경 대부를 가리킴)로 불리던 비열한 공경들의 수법에는 참지 못하고 격분을 터트렸다. 사이고를 가장 화나게 만든 것은 결의가 철회되었다는 사실이 아니라, 철회의 방법이었다. 거기까지 이르는 과정이 사이고의 인내의 한계를 넘었던지라 분노가 치밀었던 것이다.

사이고는 이제 썩은 정부와는 인연을 끊자고 결심했다. 각의 자리에서 사표를 집어던진 다음, 도쿄의 집을 처분하자마자 즉시 고향인 사쓰마로 돌아가 버렸다. 이렇게 해서 사이고는 자신이 큰공을 세우며 수립했던 정부에 두 번 다시 가담하지 않았다.

정한론征韓論을 억누름으로써 정부의 침략정책은 죄다 사라졌다. 그 후의 정책은 한결같이 지지자들로부터 '내치개량內治改良'이라 일컬어진 선에서 진행되었다. 이렇게 해서 이와쿠라와 그 일파인 내치파가 뜻한 대로 나라는 소위 문명개화 일색으로 바뀌었다. 그와 더불어 진정한 사무라이가 한탄해 마지않는 상황, 즉 어쩔 도리 없는 연약함, 우유부단, 명백한 정의마저 희생시키고도 부끄러워하지 않는 평화에의 집착 따위가 생겨났다.

문명이란 정의가 널리 행해지는 것이다. 호화로운 저

택, 의복의 화려함, 외관의 장려壯麗함이 아니다.

이것이 사이고가 내린 문명의 정의였다. 그 때 이래 사이고가 말하는 의미에서의 문명은 거의 진보를 보이지 않았던 게 아닐까?

5- 모반자로서의 사이고

 사이고의 생애에서 가장 유감스러웠던 때는 최후의 시기였다. 이 시기에 관해서는 이러쿵저러쿵 말할 필요가 없으리라. 사이고가 모반자가 되어 정부를 향해 칼을 겨눈 것은 사실이다. 사이고가 그렇게까지 밖에 할 수 없도록 내몬 사정에 대해서는 다양한 논의가 나오고 있다. 필시 그의 타고난 '여린 정'이 반란자들과 결맹하도록 한 주요한 이유라는 견해가 유력하다.

 이 세상에서 숭배할만한 인물이 오직 사이고 한 사람이라고 떠받드는 약 5천 명의 젊은이들이, 사이고에게 알리지도 않았을 뿐더러 그의 의지와도 상당히 거리가 멀게, 공공연하게 정부에 반기를 들었다. 반란자들의 기도가 성공할지 말지는, 사이고가 그 운동에 자신의 이름을 빌려주어 영향을 미칠지 말 지에 달려 있었다. 강인함으로 치자면 다른 사람에게 뒤떨어지지 않는 사이고이지만, 곤경에 처한 사람들의 애원 앞에서는 거의 무력한 존재에 지나지 않았다.

20년 전, 손님을 환영하는 표시로 자신의 목숨을 제공하겠다는 약속까지 한 적이 있었다. 이제 또 다시 사이고는 자신을 경애하는 생도들을 위해, 우호의 표시로서 자신의 생명과 자신의 명예, 자신의 모든 것을 희생하기에 이르렀는지 모른다. 사이고를 가장 잘 아는 이들은 지금도 그렇게 믿고 있다.

사이고는 두말 할 나위 없이 당시의 일본정부에 강한 불만을 품고 있었다. 그러나 사이고처럼 분별 있는 인간이 단지 원한만을 이유로 전쟁을 벌이는 것은 상상하기 어려운 일이다. 적어도 사이고로서는 자기 생애의 가장 큰 목적이 좌절된 실망의 결과 반란을 일으켰다고 말하고 싶은데, 내가 틀린 것일까?

1868년의 유신 혁명이 사이고의 이상에 반하는 결과를 낳은 탓으로, 설령 그것이 사이고가 직접 불러일으킨 사태가 아니라손 쳐도, 사이고는 말못할 혼의 고뇌를 겪고 있었다.

 만약 반란이 성공한다면 바로 그 일생의 커다란 꿈이 실현되지나 않을까. 의문을 품으면서도 한 줄기 희망에 매달려 사이고는 반란자와 행동을 함께 했다. 그리고 본능적으로 예감하고 있었던 것으로 믿어지는 운명을 함께 했다. 그렇지만 사이고 생애의 이 시기를 역사가 해명하려면 아직 1백 년은 더 지나야 하리라.

 사이고는 작전에 관해서는 일절 기리노 도시아키桐野利秋와 다른 자들에게 맡겨두고, 전쟁의 전 기간을 통해 수동적인 자세로 일관했다. 1877년 2월부터 9월에 걸쳐 전투는 이어졌다.

 그들의 야망이 완전히 물거품이 되었음을 알아차리자, 사이고는 선영에 묻히기 위해 간신히 가고시마로 돌아갔다. 모든 관군이 산기슭에 집결하여 산을 포위하고 있는 가운데, 우리의 주인공은 유유히 바둑을 두고 있었다. 한 명의 부하를 향해 사이고가 말을 걸었다.

 "아니, 자네 아닌가? 내가 짐마차를 끌고 밭에서 돌아올 때 나막신 끈을 꿰도록 한 사람이……."

 부하가 당시의 일을 떠올리고 어쩔 줄 몰라하면서 자신의 무례를 빌며 용서해 달라고 했다.

"괜찮아, 내가 너무 심심해서 잠시 놀려본 것 뿐이야!"

실은 이런 일이 있었다. 사쓰마의 풍습으로 사무라이라면 누구나 길에서 마주친 농부에게 나막신을 손보도록 시킬 권리가 있었다. 이것을 이용한 두 명의 젊은 사무라이가 어떤 농부에게 그런 관습에 따르도록 시킨 적이 있었다. 바로 그 때의 농부가 하필이면 사이고였던 것이다.

사이고는 한 마디 불평도 하지 않고, 굴욕적인 일을 마치자 겸손한 태도로 사라졌다. 사이고가 마지막 가는 자리에서 그를 모셨던 당사자로부터 이 같은 회상을 들을 수 있었던 것은 여간 다행이 아니었다. 성 아퀴나스의 겸손*도 이런 사이고의 겸손에는 당하지 못하리라.

1877년 9월 24일 아침, 관군의 총공격이 개시되었다. 사이고가 동지들과 함께 관군에 대항하고자 일어서는 순간, 한 발의 총탄에 허리를 맞았다. 얼마지 않아 소수의 반란군은 전멸하고, 사이고의 유체가 적의 손에 넘어갔다.

"무례를 범하지 않도록!"

적장敵將 가운데 한 명이 소리쳤다.

---

*이탈리아의 신학자 겸 철학자인 토마스 아퀴나스(Thomas Aquinas 1224~1274년)는 겸손한 인물로 유명하다.

"어찌 이토록 편안한 얼굴일까?"

다른 한 명이 말했다.

사이고를 죽인 자들은 한결같이 슬픔에 젖어 눈물을 흘렸다. 오늘도 사이고의 묘에는 눈물을 머금고 찾아오는 사람들의 발걸음이 끊어지지 않는다.

가장 위대한 인물이 세상을 떠났다. 그가 마지막 사무라이이지 않았을까 싶다.

6- 생활과 인생관

 국가에 대한 사이고의 공헌이 아직 올바른 역사적 평가를 받지 못하고 있다. 하지만 사이고가 실제로 어떤 인물이었는가를 제대로 살필 수 있는 자료로서, 우리가 마음껏 사용할 수 있는 것이 충분하다. 만약 사이고 인생의 후반부가 전반부의 해명에 크게 쓸모가 있다면, 독자들은 지금부터 내가 말하는 사이고 이야기에 귀기울여 주기 바란다.

 무엇보다 사이고만큼 생활상의 욕망이 없는 사람은 달리 있을 리 없다. 일본의 육군 대장, 근위도독近衛都督, 각료들 가운데 최고 유력자. 그러면서도 사이고의 외관은 극히 평범한 병사와 다름이 없었다. 사이고의 월수가 수백 엔이었을 무렵, 자신이 필요한 돈은 15엔이면 충분하여 나머지는 어려움을 겪는 친구들에게 몽땅 나눠주었다. 도쿄에 있던 주택도 볼품 없는 건물로, 한 달 집세가 3엔이었다.

그의 평상복은 고향 특산의 무명으로 지은 싸구려였고, 발에는 커다란 나막신을 신었을 따름이었다. 항상 그런 옷차림으로 사이고는 궁중 만찬이건 어디이건 나타나곤 했다. 음식은 자신 앞에 차려진 것이라면 무엇이든 먹었다. 어느 날, 한 사람의 손님이 사이고의 집을 찾아갔더니 사이고가 몇 명의 병사와 하인들과 어울려 커다란 물통을 에워싸고, 그 속에 담긴 찬 메밀국수를 먹고 있었다. 덩치만 컸지 순진한 어린이였던 사이고는 젊은이들과 섞여 함께 식사하기를 아주 즐겼으며, 그것이 그의 연회宴會이기도 했다.

사이고는 신변잡사에 무관심했고, 재산에도 관심이 없었다. 도쿄 제일의 번화가에 멋진 토지를 소유한 적이 있었다. 그것을 이제 막 설립된 국립은행에 매각했다. 값을 물어도 대답하려 들지 않았다. 오늘도 그 법인의 소유가 되어 있는 그 토지는 수십만 달러의 가치가 있는 것으로 알려진다. 사이고의 연금 수입의 대부분은 모조리 가고시마에서 시작한 학교의 유지비로 쓰여졌다. 사이고가 지은 이런 한시漢詩가 있다.

우리 집의 법도를 남이야 알건 말건
자손을 위해 문전옥답을 사지 말라

이처럼 사이고는 처자식을 위해 아무 것도 남기지 않았다. 그렇지만 모반자로 죽었음에도 불구하고 국가가 유족의 뒷바라지를 해주었다. 근대경제학의 입장에서는 이런 사이고의 무관심에 관해 다양한 이론異論이 나올지 모르겠다.

사이고에게는 하나의 취미가 있었다. 그것은 애견 취미였다. 남이 보내오는 선물 따위는 일절 받지 않았지만, 오직 개에 관한 것만큼은 아주 고맙게 받아들였다. 사이고는 개를 소재로 한 온갖 인쇄물, 석판화, 연필 스케치를 보며 즐거워했다. 도쿄에 있던 집을 남에게 넘겨 주었을 때에도 개를 그린 그림이 커다란 상자에 가득 차 있었던 것으로 전해진다. 사이고가 오오야마 이와오大山巖 원수에게 보낸 한 통의 편지에는 개의 목줄에 관해 아주 자세하게 적혀 있다.

일부러 개의 목줄 견본을 보내주신 데 대하여 깊이 감사 드립니다. 외국제품보다 더 우수한 것 같습니다. 다만 세 치 가량 더 길게 해주실 수 있다면 더 바랄 나위가 없겠습니다. 네댓 개 만들어주시기를 부탁드립니다. 그리고 한 가지 더, 폭을 약간 넓게 하여 5치 짜리로 해주셨으면 합니다.

사이고의 개는 평생을 통하여 그의 친구였다. 사이고는 낮이건 밤이건 개를 데리고 산 속에서 지내곤 했다. 외로움을 잘 타던 사이고가 말 못하는 동물들과 서로 외로움을 나누고 있었던 것이다.

사이고는 말다툼을 싫어하여 가능한 한 피해 다녔다. 어느 날 궁중 연회에 초대받아 언제나 그랬듯 평상복 차림으로 나타났다. 나중에 돌아가려고 보니 입구에 벗어둔 나막신이 사라지고 없었다. 그렇지만 다른 이들에게 폐를 끼치기 싫었던지라 맨발로, 더구나 가랑비가 내리는 길을 걷기 시작했다. 성문에 다다르자 위병이 앞을 가로막으며 신분을 따져 물었다. 평상복을 입고 있었으므로 수상한 인물로 의심했던 것이다. '사이고 대장'이라고 대답했다. 그러나 그 말을 믿을 수 없었던 위병은 그를 통과시켜 주지 않았다.

도리 없이 사이고는 비를 맞으며 그 자리에 선 채 누군가가 나타나 자신의 신분을 위병에게 확인해주기만을 기다리고 있었다. 이윽고 이와쿠라 대신을 태운 마차가 다가왔다. 간신히 맨발의 사나이가 진짜 사이고 대장이라는 사실이 밝혀졌고, 그는 이와쿠라의 마차를 얻어 타고 돌아갈 수 있었다.

사이고에게는 구마키치熊吉라는 이름의 하인이 있었다. 오랜 세월 조신한 몸가짐으로 집안을 돌봐 신망이 두터운 인물이었다. 그런데 딱 한 번, 쫓겨나야 마땅할 중대한 실수를 저질렀다. 그렇지만 관대한 주인 사이고는 쫓겨난 다음의 하인의 장래를 염려하여 그냥 그대로 집안에 두었다. 다만 몇 해에 걸쳐 아무 일도 시키지 않았다. 구마키치는 주인이 죽은 뒤로도 오랫동안 천수를 누리면서 불운했던 영웅을 애도하고 그리워했다.

어떤 사람은 사이고의 사생활에 관해 이런 증언을 하고 있다.

> 나는 13년 동안 그와 함께 지냈으나 단 한 번도 하인을 야단치는 모습을 본 적이 없습니다. 이불을 깔고 개거나, 문단속, 그 외의 신변잡사는 거의 다 스스로 처리했습니다. 하지만 남이 사이고를 위해서 무슨 일을 하려고 하면 말리지는 않았습니다. 또한 누가 돕겠다고 나서는 것을 거절하는 적도 없었습니다. 마치 어린아이처럼 꾸밈이

없고 순진했습니다.

사이고는 결코 남이 평온하게 지내는 것을 깨트리려 하지 않았다. 남의 집을 찾아가는 일은 종종 있었으나, 집안을 향해 누구를 부르려 들지 않았다. 그냥 집 앞에 선 채 누군가가 우연히 나와서 자신이 찾아온 것을 알아차릴 때까지 기다리기 일쑤였다.

이처럼 사이고의 생활은 수수하고 간소했다. 그렇지만 그의 사상은 이제까지 소개해온 것처럼 성자와 철학자의 그것이었다.

'경천애인'이라는 말이 사이고의 인생관을 잘 요약하고 있다. 그것은 그야말로 지知의 최고 극치이며, 반대인 무지無知는 자기애自己愛였다. 사이고는 '하늘'을 어떤 식으로 파악하고 있었을까? 그것을 '힘力'으로 보았을까, '인격'으로 보았을까? 평소의 실천이야 어쨌거나 '하늘'을 어떤 식으로 숭배했을까?

이 모든 것은 확인할 길이 없다. 그러나 사이고가 '하늘'이 전능하고 불변이며 대단히 자비로운 존재이고, '하늘'의 법은 누구나 지켜야할 견고하고도 매우 은혜로운 것으로 이해하고 있었다는 사실은 그의 말과 행동을 통해 충분히 알아차릴 수 있다. '하늘'과 그 법에 관한 사이고의 언명言明은 이미 몇 가지 소개했었다. 사이고의 문장은 그것으로 가득 차 있으므로 새삼 잔뜩 늘어놓을 필요는 없으리라.

> 하늘은 모든 사람을 똑같이 사랑한다. 그런지라 우리 역시 스스로를 사랑하듯이 남을 사랑하지 않으면 안 된다.

사이고의 이 말은 율법과 예언자의 집약된 사상이다. 대관절 사이고가 어디서 그런 장대한 가르침을 얻었는지 궁금한 사람이 있을지 모르겠다.

'하늘'에는 진심을 담아 대하지 않으면 안 된다. 그렇지 않으면 그 길에 관해 알지 못한다. 사이고는 인간의 지혜를 싫어했다. 모든 지혜는 사람의 진실한 마음과 뜻에 의해 얻어지는 것으로 믿었다. 마음이 맑고 뜻이 높으면 설사 그곳이 의사당이건 전쟁터이건, 필요에 응하여 길은 가까이에서 얻어지는 것이다. 걸핏하면 책동을 일삼는 자들은 정작 위기가 닥치면 무책無策이기 마련이다.

성실한 세계는 밀실이다. 그 속에서 강한 사람은 어디에 있더라도 강하다.

불성실과 그 비대아肥大兒인 이기심은 인생이 실패하는 커다란 이유이다. 사이고는 말한다.

인간의 성공은 자신을 이겨내는 데 있으며, 실패는 자신을 아끼는 데 있다. 팔 할 가량 성공하고서도 나머지 이 할에 걸려 실패하는 사람이 많은 까닭은 어째서인가? 그것은 성공이 보임과 동시에 자기애가 생겨나고, 조신스러움이 사라지며, 쾌락을 추구하고, 일을 꺼려하는 탓에 실패하는 것이다.

따라서 우리는 목숨을 걸고 인생의 모든 위기에 임하여야 한다. 사이고는 책임 있는 지위에 올라 무슨 행동에 나설라치면 '내 목숨을 건다'는 말을 몇 번이고 되풀이했다. 완전한 자기 부정이 사이고의 용기의 비밀이었음은 다음에 나오는 주목할만한 말에서 분명히 드러난다.

목숨도 필요 없고, 이름도 필요 없고, 지위도 필요 없고, 돈도 필요 없다고 외치는 사람이야말로 가장 다루기 어렵다. 그렇지만 그런 사람이야말로 인생의 곤란을 더불어 할 수 있는 인물이다. 또한 그런 인물이야말로 국가에 위대한 공헌을 할 줄 아는 인물이다.

'하늘'과, 그 법과, 그 기회를 믿은 사이고는 게다가 자기 자신까지도 믿었던 사람이었다. '하늘'을 믿는다는 것은 언제나 자기 자신까지도 믿는다는 것을 의미하기 때문이다. 그는 "단호하게 행하면 귀신마저 피해 간다"*고 했다. 또한 이런 말도 했다.

> 기회에는 두 가지 종류가 있다. 원하지도 않았건만 찾아오는 기회와, 우리가 만드는 기회가 그것이다. 세상에서 흔히 말하는 기회는 앞의 것이다. 그러나 진짜 기회는 우리가 시세時勢에 따라 이치에 걸맞게 행동할 때 찾아온다. 중대한 국면에서는 우리가 기회를 만들지 않으면 안 된다.

---

*중국의 《사기(史記)》에 나오는 구절.

따라서 우선 인물이다. 사이고는 유능한 인물을 무엇보다 높게 샀다.

> 제 아무리 방법이나 제도에 관해 떠들어보았자 그것을 움직일 사람이 없다면 헛일이다. 우선 인물, 그 다음이 수단의 동원이다. 인물이야말로 첫째 보물이며, 우리는 누구나 인물이 되도록 애를 써야 한다.

사이고의 주장이었다. 경천敬天하는 사람은 정의正義를 존중하고, 그것을 실행하지 않으면 안 된다. '정의를 널리 펼치는 것'이 사이고가 내린 문명의 정의定義였다. 사이고로서는 천하에 정의를 능가하는 것은 있을 리 없었다. 자신의 목숨은 두말 할 나위가 없고, 국가조차도 정의보다 소중하지는 않았다. 사이고가 주장했다.

> 정도正道를 걷고, 정의를 위해서라면 국가와 더불어 무너질 정신이 있어야 외국과 만족스러운 교제를 기대할 수 있다. 외국의 강대함을 두려워하여 화평을 구걸하고, 비참하게 그들의 뜻에 따른다면 즉각 그들로부터 모멸 당하고 만다. 그 결과 우호적인 관계는 종막을 고하고, 마침

내 외국에 굴복하기에 이른다.

그의 말은 이어진다.

여하튼 국가의 명예가 손상된다면, 설령 국가의 존재 자체가 위태로워질망정 정부는 정의와 대의를 따르는 것이 명백한 본무本務이다…… 전쟁이라는 말을 겁내어 손쉬운 평화를 사기에 급급한다면 이미 정부라고 부르기보다 상법 지배소商法支配所라고 불려 마땅하다.

당시 도쿄에 주재하던 모든 외국 사절들은 이 같은 주장을 펴는 사람을 존경했다. 그 중에서도 동양적인 외교술에 정통하고, 오랫동안 일본에 주재하면서 영국의 국익을 지켜낸 영국 대사 해리 파크스Harry Smith Parkes는 어느 누구보다 더 사이고를 존경했다. '옳다면 두려워하지 말라'는 것이 사이고가 정부를 움직이는 방법이었다.

이처럼 일관된 견해를 지니고 있었으므로 당연히 사이고는 그 무렵 자신의 주변에서 진행되고 있던 운동의 추이에 관해 뚜렷이 예상하고 있었다. 유신 혁명이 일어나기 훨씬 전, 새 정부 수립을 외치는 사람들조차 그것을 백일몽으로 여기던 시절, 사이고에게는 그것이 이미 달성된 현실이었다.

오랜 추방 생활이 끝나, 사이고를 원래의 책임 있는 자리로 불러들이기 위한 사절이 그가 유배되어 있던 섬을 찾아갔을 때의 일이었다. 사이고는 새 국가 건설을 위해 구상해온 모든 방안을 해변 백사장에다 도표를 그려가며 설명했다고 한다. 그 때 사이고의 예상이 나중에 가서 너무나 사실에 들어맞은 것에 놀란 사절이 훗날 자신의 친구들에게 "아무리 돌이켜 보아도 사이고는 인간이 아니라 신이었다"고 털어놓을 지경이었다.

일본인들은 한창 메이지유신이 진행될 당시의 침착한 사이고의 모습을 기억하고 있다. 그것은 명료한 비전을 지니고 있었던 사이고로서는 지극히 당연한 일이었다. 메이지유신 당초, 약 10세기에 걸쳐 불안정했던 천황의 지위가 어떻게 될지 일부 인사들 사이에서는 적지 않은 불안감이 떠돌았다. 유명한 궁중 가인歌人 후쿠바 비세이福羽美靜가 사이고에게 이렇게 물었다.

"유신 혁명은 바람직합니다. 그렇지만 새 정부가 수립되었을 때 신성한 천황의 지위는 어떻게 될 것입니까?"

그에 대한 사이고의 대답은 다음과 같이 분명했다.

"새 정부에서는 천황이 걸맞은 지위에 오르시도록 한다. 그것은 친히 국정을 살피고, 그렇게 함으로써 천황으로서의 천직天職을 다하는 것을 뜻한다."

이 인물은 눈곱만큼도 말을 빙글빙글 돌리는 법이 없었다. 정의의 길에서야 당연한 일이지만 간결하고, 직설적이며, 햇빛처럼 밝고 맑았다. 사이고는 한 권의 저서도 남기지 않았다. 그러나 수많은 시와 약간의 글을 남겼다. 그런 시문詩文을 통해 그의 내심을 엿볼 수 있으며, 그것이 모든 행동과 일치한다는 사실을 알게 된다. 사이고의 시문에는 아는 척 하는 면이 전혀 없다. 사이고와 어깨를 견주는 여러 일본 학자들과는 달리, 그가 쓰는 단어와 비유는 가능한 한 간결했다. 예컨대 다음에 드는 시처럼 간결한 시는 달리 없다.

나에게 천 올의 머리카락이 있다
먹보다 검다
나에게 한 조각 마음이 있다
구름보다 희다
머리카락은 자를 수가 있어도
마음은 자를 수가 없다

혹은 사이고다운 이런 시도 있다.

    길은 하나뿐, 옳은가 그른가
    마음은 항상 강철
    빈곤은 위인을 만들고
    공적功績은 난중亂中에 생겨난다
    눈 맞은 매화는 희고
    서리맞은 단풍은 붉다
    만약 천의天意를 안다면
    누가 안일을 바랄 것인가

산을 읊은 다음의 짧은 시는 사이고 그 자체이다.

    땅은 높고 산은 깊다
    밤은 고요하여
    인기척도 들리지 않는다
    그저 하늘을 바라볼 뿐

'생재生財'라는 제목이 달린 사이고의 글 한 편을 잇달아 소개한다.

《춘추좌전春秋左傳》에 이렇게 적혀 있다. 덕德은 결과로서 재물을 안겨주는 근본이다. 덕이 많으면 재물은 덩달아 생겨난다. 덕이 모자라면 마찬가지 이치로 재물은 줄어든다. 재물은 국토를 기름지게 하고 백성들을 편안하게 함으로서 생겨나는 것이기 때문이다.

소인배는 자신에게 이익이 돌아올 것을 목적으로 삼는다. 군자는 백성을 이롭게 하는 것을 목적으로 삼는다. 앞쪽은 이기를 꾀하다 망한다. 뒤쪽은 공公의 정신에 입각하여 번영을 누린다. 삶의 방식 여하에 따라 성쇠, 빈부, 흥망, 생사가 나뉜다. 조심해야 하지 않겠는가.

세상사람들은 말한다. '취하면 풍요롭고 나누면 잃는다'고. 이 얼마나 엉터리인가. 농사를 예로 들어보자. 쩨쩨한 농부는 아까워하면서 씨앗을 뿌린 뒤 가만히 앉아서 수확을 기다린다. 그에게 돌아가는 것은 굶주림뿐이다. 좋은 농부는 좋은 씨앗을 뿌린 다음 온 힘을 기울여 가꾼다. 곡물은 100배의 결실을 안겨주어 농부의 수확은 넘쳐흐른다. 그저 긁어모으기만을 꾀하는 자는 수확할 줄만 알뿐 심고 가꿀 줄을 모른다. 지혜로운 자는 심고 가꾸기에 땀을 흘리므로 수확은 저절로 찾아온다.

덕을 쌓는 자는 구하지 않아도 재물이 생겨난다. 따라서 세상사람들이 손해라고 부르는 것은 손해가 아니며, 이득이라고 말하는 것은 이득이 아니다. 옛 성인은 백성들에게 은혜를 베풀어 나누어주는 것을 이득이라 했으며, 백성에게서 뺏는 것을 손해로 간주했다. 지금은 완전히 반대다.

아, 성인의 길에 반하여 백성에게서 재물과 풍요로움을 구하는 것을 '현賢'이라 말할 수 있을까. 참된 득실의 법칙에 반하여 국토의 번영을 꾀하는 것을 '불현不賢'이라 말할 수 있을까. 현자는 베풀기 위해 절약한다. 자신의 곤고함에는 신경을 쓰지 않고 남의 곤고함에 애를 태운다. 이렇게 해서 재물은 샘물이 솟구치듯이 그에게로 흘러든다. 은혜가 내리고 사람들은 그 은택恩澤을 입는다. 이것은 오로지 현자가 덕과 재물의 올바른 관계를 알고, 결과가 아니라 원인을 찾기 때문이다.

오늘날의 근대적인 벤담주의자*라면 케케묵은 경제학이라고 웃어넘길지 모른다. 그러나 그것은 솔로몬의 경제학이며, 솔로몬보다 위대한 존재(예수 그리스도를 지칭)의 경제

---

*영국의 공리주의 철학자 벤담 Jeremy Bentham의 사상을 추종하는 사람.

학이었다. 우주가 지금까지 19세기에 걸쳐 존재해온 것처럼 결코 낡지는 않았다.

> 흩어 구제하여도 더욱 풍요롭게 되는 일이 있나니 너무 아껴도 가난해질 따름이니라. (구약성서 잠언 11장 24절)

> 먼저 하느님의 나라와 하느님의 뜻을 구하라. 그러면 모든 것이 너에게 주어지리니. (신약성서 마태복음 6절 33장)

사이고의 글은 이 같은 하느님의 말씀에 들어맞는 주해註解가 아니었을까.

만약 일본 역사에서 가장 위대한 두 명의 인물을 고르라고 한다면 나는 망설이지 않고 도요토미 히데요시豊臣秀吉와 사이고의 이름을 들 것이다. 둘 다 대륙 방면에 야망을 품고, 세계를 활동 무대로 여겼다. 둘 다 다른 이들은 견줄 수 없을 만큼 위대했지만, 두 사람의 위대함은 완전히 상반되는 것이었다. 도요토미의 위대함은 짐작하건대 나폴레옹과 닮았다. 도요토미에게는 유럽의 영웅들에게 두드러지게 나타나는 허풍선이의 면모가 꽤 있었다. 도요토미의 위대함은 천재적인, 타고난 정신에 의한 것이어서 위대함을 바라지 않아도 위대할 수밖에 없었다.

하지만 사이고는 그렇지 않았다. 사이고의 위대함은 크롬웰과 닮았다. 단지 퓨리터니즘이 없었던지라 퓨리턴이라고 말하지 못하는 데 지나지 않았던 것으로 여겨진다. 사이고에게는 순수한 의지력과의 관계가 깊고, 도덕적인 위대함이 있었다. 그것은 최고의 위대함이다. 사이고는 자신의 조국을 건전한 도덕적 기반 위에 쌓고자 했으며, 그런 시도는 부분적으로 성공을 거두었다.

최고의 개혁주의자로 꼽히는 에도시대 말기의 다이묘(大名=지역 영주).

거의 몰락 직전에 놓인 요네자와 번(米澤藩) 영주의 양자로 들어와 솔선수범의 철저한 검약, 행정 쇄신, 산업 장려를 통해 눈부신 경제 부흥을 달성했다.

그는 황무지를 개간하는 한편 뽕나무, 닥나무, 옻나무 등 상품성 있는 작물 재배를 적극 권장했고, 심지어는 농업 인구 확보를 위해 이웃 지방의 여성을 불러들여 '농촌 총각 장가보내기' 같은 작전까지 폈다.

불황에 시달리는 요즈음의 기업인들에게 '탁월했던 CEO'로 새삼 각광을 받고 있다.

우에스기 요잔 上杉鷹山

(1751~1822년)

1- 봉건제

'하늘의 왕국'은 우리가 사는 이 지상과 같은 곳에서는 실현 불가능한 일일까? 인류는 그것이 전혀 불가능하다며 포기하지 않고 실현을 열망해 왔다. 이 지상에 '하늘의 왕국'을 세우려는 시도는 누구도 확신을 지닐 수 없는 사업이기는 했지만, 인류 역사 자체가 당초부터 지상에다 그 실현을 꾀해온 일련의 과정이었다고 해도 그른 말은 아니리라.

크리스천들은 헤브라이 예언자의 말을 좇아 19세기에 걸쳐 그 같은 왕국이 인간 세상에 도래하기를 기도해 왔다. 끝내는 더 기다리지 못하여 인간의 손으로 달성할 수 있다고 믿은 사람도 나타났다. 타락한 아담의 자손 가운데 그 왕국을 실현시키고자 과감한 시도를 하고 나선 이들이 더러 있었던 것이다.

그것을 위해 쏟아 넣은 거룩한 용기와 고귀한 자기희생은 달리 또 찾을 수 없었다. 사보나롤라(Girolamo Savonarola; 1452-98년)의 피렌체공화국*, 크롬웰의 잉글랜드공화국, 펜(Willam Penn; 1644-1718년)의 데라와 호숫가에서의 성스러운 실험**은 아주 드문 그런 시도였다. 그것은 지구상에서 시도된 가장 귀중하고 용감한 실례였다. 그렇지만 거기서도 '하늘의 왕국'은 그 한자락을 보여준 것에 지나지 않았다.

우리에게는 진보된 정부 기구가 있음에도 불구하고 천국에 미치지 못하는 점에서는 10세기 전과 조금도 다를 바가 없어 보인다. 확실히 우리가 놓여 있는 현실은 제자리걸음 상태이다. 그로 인해 "인류는 하나의 방향, 즉 후퇴의 방향으로만 나아가고 있는 게 아닐까?"라면서 사람들이 깜짝 놀랄 발언을 하는 현인賢人이 나타날 정도이다.

물론 여하한 형태이건 압제 정치는 나쁘다. 이제 압제 정치는 열대지방에서만 남아 있으며, 거기서도 머지않아

---

*이탈리아 종교개혁자 사보나롤라가 피렌체를 지배하고 있던 메디치 가문을 추방한 뒤 한 때 신권정치를 폈다.
**퀘이커 교도라는 이유로 영국에서 박해를 당한 펜과 그 교도들이 미국으로 건너가 펜실베니아에 보금자리를 세웠다. 펜실베니아는 펜의 숲이란 뜻이다.

사라질 것이다. 그러나 투표함 속에 압제정치의 낙인이 찍힌 표가 들어갈 여지가 전혀 없다고 단정하기란 어렵다. 압제정치는 우리가 악마와 손을 잡는 한 존재할 것이며, 악마 자신이 우리 속에서 완전히 추방될 때까지는 존재한다고 보아야 한다. 따라서 인류는 두 종류의 압제정치, 즉 전제적專制的인 것과 투표함에 의한 것에 의해 고통받아 왔다. 그 중 후자는 다소 가벼운 악에 지나지 않았다. 그것을 능가하는 가장 훌륭한 형태가 언제, 어떤 방법으로 찾아질 것인지를 딱 부러지게 말하기는 조심스럽지만 우리가 그것을 대망하고 있음은 분명하다.

하지만 덕을 대신할 제도가 있을 리 없음을 굳게 믿어야 한다. 아니, 덕이 있기만 하면 제도는 도움이 되기는커녕 도리어 방해가 된다. '진보한 정부기구'라고 말했지만 그것은 성인을 돕기 위한 것이 아니라 도둑을 잡기 위한 것이다. 생각건대 대의정체代議政體는 일종의 진보된 경찰조직이다. 악당이나 도둑은 이로써 잘 제압할 수 있겠으나, 제아무리 많은 경찰을 거느리더라도 한 사람의 성인이나 한 명의 영웅을 대신할 수는 없다. "그다지 나쁘지도 않지만 그다지 좋지도 않다"는 말이 이 조직에 걸맞을 성싶다.

봉건제에도 결함은 있었다. 그 결함으로 인해 입헌제로

바뀌었다. 그렇지만 쥐를 쫓아내려고 창고에 불을 지른 것이 아닐까 하는 걱정이 앞선다. 봉건제와 더불어 밀접한 관련을 맺고 있던 충의와 무사도, 용기와 인정도 우리 곁에서 사라져버렸다. 참된 충의는 군주와 가신이 서로 직접 얼굴을 마주함으로써 비로소 성립된다. 그 사이에 '제도'를 넣으면 어떻게 될까. 군주는 단순한 치자治者에 지나지 않게 되고, 가신은 단순한 인민에 불과해진다. 이미 충의는 사라지고 없다. 헌법에 정해진 권리를 차지하려는 투쟁이 생겨나고, 투쟁을 해결하기 위해 문서에 의존하려 든다. 예전처럼 마음에 의지하려 하지는 않는다.

헌신獻身과 그것이 가진 장점은, 받들어야 할 우리의 군주가 있고 자상하게 보살펴야 할 가신이 있는 곳에서 생겨난다. 봉건제의 장점은 이 다스리는 자와 다스림을 당하는 자와의 관계가 인격적인 성격을 띠고 있는 점에 있다. 그 본질은 가족제도를 국가에 적용하는 것이나 마찬가지다. 따라서 여하한 법제나 제도도 '사랑의 율법'에는 미치지 못하듯이, 만약 봉건제가 완벽한 형태로 나타나기만 한다면 이상적인 정치형태라고 말할 수 있다.

책 가운데 최고의 책(성경)에 의하면 장래의 약속된 왕국에서는 '나의 백성'이라 불리고, '그대의 회초리, 그대의 지팡이'*가 우리를 위안해 주리라고 적혀 있지 않은가. 그런지라 우리는 봉건제가 영구히 사라지기를 바라지 않는다. 앞으로 수 백년, 수 천년에 걸쳐 헌법을 둘러싼 논쟁이 이어진 뒤, 사람들은 누구나 똑같은 아버지의 아들이며, 따라서 모두 형제라는 사실을 알게 되는 날이 찾아올 것이다. 그 때는 봉건제가 완벽하고 영광이 충만한 형태로 되살아나고, 진짜 사무라이가 '패자敗者를 달래고 교만함을 물리치며' 평화의 율법을 세우기 위해서 복권될 날을 진심으로 기다리게 된다.

    그런데 그와 같은 왕국의 도래를 기다리는 사이에 그와 아주 닮은 왕국이 뭍과 바다로 이루어진 이 지구상의, 더군다나 이교도의 나라인 일본에, 저 옛날 실현되었다는 이야기를 함으로써 한 번 기분전환을 해보는 게 어떨까. 학문이 아직 서양에서 전해지기 전, 이미 이 나라에는 평화의 길을 깨닫고 독자적인 '인간의 길'이 실천되었다. 그리하여 '죽음을 각오한 용사'가 있었던 것이다.

------

*구약성서 시편 23장 4절.

2- 사람과 사업

우에스기 요잔이 지금의 우젠羽前 지방에 있는 요네자와 번米澤藩의 후계자가 되었을 때 그는 아직 열일곱 살의 소년이었다. 규슈九州의 조그만 번인 다카나베 번高鍋藩 영주의 둘째 아들로 태어난 그는 자신의 가문보다 훨씬 격이 높고 영지도 넓은 우에스기 가문의 양자가 되었던 것이다.

그러나 나중에 밝히겠지만 그렇게 양자가 된 것은 요잔으로서야 그리 달갑지 않은 일이었다. 요잔은 달리 예를 찾아보기 힘들 정도로 무거운 책임을 짊어질 운명과 맞닥뜨렸기 때문이다. 소년은 자신의 숙모가 요네자와의 대공大公에게 '차분하고 영리하며 효심이 지극한 성격'이라면서 추천하는 바람에 양자로 뽑혔다.

요잔의 스승이던 호소이 헤이슈細井平洲는 무명의 신분에서 책임 있는 지위에 발탁된 학자이자 고결한 선비였다. 요잔은 신분이 높은 다른 가문의 자제들과는 달리 스승에게 오로지 순종했다. 훌륭한 스승인 호소이가 틈만 나면 요잔에게 되풀이하여 들려준 한 명의 착한 생도에 관한 이야기가 있다.

> 기슈紀州에 있는 큰 번의 영주 도쿠가와 요리노부德川賴宣는 가르침을 따르지 않았던 탓으로 스승에게 무릎을 세게 꼬집힌 적이 있었다. 그는 걸핏하면 그 때 생긴 무릎의 멍을 힐끗 쳐다보곤 했다. '이것은 존경하는 스승께서 나에게 남겨주신 경고이다. 이것을 볼 때마다 스스로를 돌이키며 백성과 내 자신에 성실했는가를 살피는 징표로 삼아왔다. 하지만 아쉽게도 멍은 날이 갈수록 흔적이 희미해지고, 덩달아 내 다짐도 흔들리고 있다.' 영민한 영주는 몇 번이고 이런 말을 되뇌었던 것으로 전해진다.

나이 어린 요잔은 이 이야기를 들을 때마다 눈물을 흘렸다. 신분이 높은 집안의 자제들은 엄격하게 격리시켜 키우고, 그 결과 대체적으로 부하에 대한 의무나 자신에게 힘과

부富가 주어져 있는 까닭조차 까맣게 모르고 살던 시대였다. 그런 세태에 비추자면 요잔은 정말이지 드문 감성의 소유자였다. 중국 성현의 '백성 돌보기를 내 몸의 상처를 돌보듯이 하라'는 말은 요잔의 마음 깊은 곳에 강렬한 인상을 준 모양이었다. 그는 그 가르침을 명심하여 평생을 통해 백성을 보살피는 귀감으로 삼았다.

이렇듯 감성이 풍부한 인간은 당연히 종교적인 인간이기도 했다. 영주가 되는 날, 요잔은 다음과 같은 서약을 일생의 수호신인 가스가묘진春日明神에게 바쳤다.

> 첫째, 문무의 수련은 정해진 규정에 따라 게을리 하지 않는다
> 둘째, 가장 중요한 의무는 백성의 부모 노릇을 다 하는 것이다
> 셋째, 다음 격언을 밤이나 낮이나 잊지 않는다
> 사치하지 않으면 위험도 없다
> 베풀고 낭비하지 말지어다
> 넷째, 언행의 불일치, 상벌의 부정, 부실과 무례를 범하지 않도록 한다
> 이를 앞으로 어김없이 지킬 것을 약속함. 만약 어길 시

에는 즉시 신벌神罰이 내려 가운家運이 영원히 사라지고 말리다.

명화明和 4년(1767년) 8월1일

이 인물이 직면할 일은 다른 사람이라면 죄다 꽁무니를 뺄 내용이었다. 요잔이 양자로 들어온 우에스기 번은 도요토미 히데요시 이전에는 전국에서 가장 강대한 번이었다. 드넓고 기름진 에치고越後를 위시하여 일본 서쪽 지역에 여러 군데의 영지를 소유하고 있었다.

도요토미의 명령으로 영지가 아이즈會津로 옮겨지면서 세력이 대폭 줄어들었다. 그래도 여전히 100만 석의 녹봉을 뽐내는 큰 번으로, 영주는 전국 5대 영주의 한 명으로 꼽혔다. 일본 열도가 동서로 나뉘어 벌인 최대의 내전인 세키가하라關が原 전쟁에서 반反 도쿠가와 이에야스德川家康로 돌아선 탓으로 패전 후 다시 영지를 옮겨야했다. 이번에는 30만 석으로 감봉된 뒤 중앙에서 멀리 떨어진 요네자와로 밀려났던 것이다. 그 후 불행하게도 녹봉은 다시 절반으로 줄어들고 말았다.

요잔이 영주 자리에 올랐을 무렵 우에스기 가문은 15만

석의 다이묘(大名= 영주)임에도 불구하고 가신들은 예전 100만 석일 때 그대로였고, 습관이나 허례허식도 그냥 그대로 고스란히 답습하고 있었다. 따라서 새롭게 옮겨간 영지에서는 번을 지탱하기가 어려웠고, 빚이 수백만 냥이 넘었다. 세금 따위의 수탈로 인해 주민들은 토지를 빼앗겨 삶의 터전을 등지고 다른 영지로 떠났으며, 빈곤이 전체 영지를 뒤덮고 있다고 해도 과언이 아니었다.

요네자와는 우젠 남부에 위치하여 해안이 없다. 땅의 산출력과 자연 자원의 면에서는 일본에서도 형편없는 지역에 속했다. 만사가 그 지경이었던지라 희망은 사라지고, 번의 붕괴와 그런 번을 지탱하고 있는 주민의 파산은 당장 코앞에 닥쳐 있었다.

번이 온갖 수단을 강구해 보았자 단돈 닷 냥을 마련하지 못하는 경우가 비일비재했다. 이 한 마디면 번 전체가 직면한 심각한 상황이 잘 이해되리라. 10만여 명의 백성을 거느리고, 750 평방마일의 영지를 소유한 다이묘로서는 도무지 믿어지지 않는 극빈 상태였다. 소년 요잔이 당장 해내야 할 일은 그런 상태에 종지부를 찍고, 조금이나마 견딜 수 있는 데까지 살림살이를 회복시키는 것이었다. 그리고 만약 수호신이 좀더 가호해 주신다면 영지를 옛날 성현이 말하던 이상국가로 이끌어 가는 일이었다.

영주의 지위에 오른 지 2년 뒤, 요잔은 처음으로 자신의 영지인 요네자와로 발걸음을 옮겼다. 당시 영주들은 최고 권력기관인 막부의 규정에 따라 수도인 에도江戶와 자신의 영지를 정기적으로 오가며 살아야했다.

계절은 늦가을이었다. 그렇지 않아도 서글프기 짝이 없는 영지이건만, 자연마저 슬픔을 더해 주었다. 행렬이 돌보는 이조차 없어 황량하고 다 쓰러져 가는 마을을 한 군데 한 군데 지날 때마다, 눈앞에 전개되는 광경을 바라보며 다감한 젊은 영주의 마음은 깊은 충격에 휩싸였다. 가마 속에 앉은 요잔이 자기 앞에 놓인 화로를 열심히 뒤적이며 입김을 불어대는 모습을 수행하던 부하가 본 것은 바로 그럴 즈음이었다. 부하 중 한 명이 "화로에 잘 붙은 새 불을 담아 올까요?"하고 물었다.

"괜찮다. 멋진 교훈을 배우고 있던 참이었다. 나중에 말해주마."

요잔의 대답이었다. 그 날 밤, 행렬이 묵은 숙소에서 영주는 수행한 부하들을 불러모아 그 날 오후에 배운 새롭고 귀중한 교훈을 설명했다.

"내 눈으로 우리 백성들의 비참함을 목격하고 절망에 빠져 있을 때, 눈앞의 조그만 화롯불이 당장이라도 꺼지려는 것을 알아차렸다. 조심스레 화로를 뒤져 끈기 있게 입김을 불어넣었더니 고맙게도 불씨가 되살아났다. '똑같은 방법으로 우리가 다스릴 땅과 백성을 되살리는 건 불가능한 일일까' 하고 생각하니 나도 모르게 희망이 솟구쳐 올랐다."

3- 행정 개혁

일본이건 어디이건 인간은 변혁에 대해 본능적으로 저항하기 일쑤다. 젊은 요잔은 변혁을 이루지 않으면 안 되었다. 그 외의 구제는 불가능했다. 그러나 변혁은 다른 사람이 하기를 기다리지 말고 우선 스스로가 솔선하여 시작해야 한다.

당연히 가장 시급한 숙제는 재정 문제의 해결이었다. 조금이라도 질서와 신용을 회복하려면 극도의 검약을 행하는 수밖에 없었다. 영주 스스로 가계 지출을 1천50냥에서 209냥으로 줄이기 위해 용을 썼다. 안살림을 맡은 하녀들은 그

---

*구약성서 열왕기 상 19장 12절에 기록되어 있는 예언자 에리나에게 들린 하느님의 목소리.

때까지 50명이던 것을 9명으로 줄이고, 자신의 옷은 무명에 한했으며, 식사는 국 한 그릇과 반찬 한 가지로 줄였다.

가신들도 마찬가지로 검약하지 않으면 안 되었지만 요잔의 검약과는 비교되지 않을 정도였다. 해마다 받는 수당도 절반으로 줄였고, 그렇게 모은 저금으로 번의 빚을 갚아 나갔다. 이런 상태를 16년 간이나 이어감으로써 간신히 빚더미에서 벗어날 수 있었다. 그렇지만 이것은 아직 재정 개혁의 소극적인 면에 지나지 않았다.

'백성의 행복은 다스리는 자의 행복이다.'
'통치를 잘못하면서 백성의 풍요로움을 기대하는 것은 오이 줄기에 가지가 열리기를 기대하는 것과 다를 바 없다.'

적재적소 없이는 선정善政을 펼치지 못한다. 요잔의 '능력에 따른 인원 배치'라는 민주적인 사고방식은 봉건정치의 세습적인 성격에 위배되는 것이었으나, 요잔은 온갖 수단을 다 강구하여 인재를 등용하려 했다. 그는 능력 있는 인물에게는 넉넉하지 않은 창고 사정에도 불구하고 아낌없이 수당을 지급했다. 그리고 그 인간을 세 개의 다른 지위로 나누어 백성 위에 배치했다.

첫째 역할은 향촌鄕村 책임자나 군郡의 행정 담당자였다. 이들은 '백성의 부모'로서 행정 전반을 담당하는 총감독이었다. 요잔이 그들에게 내린 지시의 하나는 이랬다.

> 갓난아이에게는 지식이 없다. 그렇지만 어머니는 아이의 요구를 헤아려 돌봐준다. 그것은 진심이 있기에 가능한 일이다. 진심은 자애를 낳는다. 자애는 지식을 낳는다. 진심만 있다면 불가능한 일은 없다. 관리는 어머니가 하듯이 백성을 대해야 한다. 백성을 아끼는 마음이 그대에게 있다면 재능의 부족을 걱정할 필요는 없다.

두 번 째 역할은 일종의 순회 설교사와 같은 일이었다. 그들은 효행에 관한 것, 과부나 고아에 대한 자비, 혼례에 관한 것, 옷을 만드는 법, 식사 예법, 장례식에 관한 것, 집 고치기 등등의 습속이나 절차를 사람들에게 가르쳤다. 그것을 위해 전체 영지를 12개 지구로 나누어 각 지구에 한 명의 담당자를 두었다. 이들은 해마다 두 차례 모여 합동회의를 열었다. 또한 각자 자신의 업무가 진척되는 상황을 수시로 영주에게 보고하도록 했다.

세 번째 역할은 가장 엄격한 경찰로서의 일이었다. 그들은 사람들의 나쁜 짓이나 범죄를 적발하여 죄상에 따라 철저하게 처벌했다. 온정을 베풀지 않고 마을 구석구석까지 샅샅이 조사했다. 범죄자가 생기면 그 지구의 수치로 여겨졌다. 이 두 번째, 세 번째 역할을 맡은 사람에게 요잔은 다음과 같은 지시를 내렸다.

교사敎師로서의 역할을 맡은 사람은 지장보살의 자비심을 갖고, 마음에는 부동不動의 정의正義를 잊지 말라.

경찰의 역할을 맡은 사람은 염라대왕의 정의와 의분義憤을 드러내고, 마음에는 지장보살의 자비를 잃지 않도록 하라.

이 세 가지 역할은 놀랄 만큼 서로 잘 조화를 이루며 기능했다. 일반 행정상의 정책은 향촌 책임자와 군 행정 담당자의 손에 의해 실행되었다. 그러나 요잔은 교육이 없는 백성을 다스리는 것은 힘이 들고 효과도 적다고 말했다. 그래서 두 번째 역할을 맡은 자에 의해 교육이 행해짐으로서 모든 백성에게 생명과 따뜻한 피가 흐르게 했다.

그렇지만 교육 역시 규율이 없으면 효과가 오르지 않았다. 가장 철두철미한 경찰제도에 의해 교육을 보다 효과적으로, 그리고 자비가 보다 두드러지게 신경을 썼다. 이처럼 백성에 대한 통제제도를 만들어낼 수 있었던 젊은 영주는 아마도 인간성에 관해 상당히 깊은 통찰력을 지니고 있었음에 틀림이 없다.

이 새로운 체제는 5년 동안 아무런 방해도 받지 않고 실시되었다. 질서가 생기기 시작했고, 절망시되던 사회에도 회복의 희망이 되살아났다. 그런데 가장 아픈 시련이 닥쳤다. 필경 요잔이 아니었더라면 영락없이 좌절하고 말았으리라. 그것은 보수파의 대두였다. 그들은 사리사욕을 채우려 들지는 않았으나, 구태舊態에 집착하는 무리들이었다. 개혁에는 어떤 형태로든 반대하는 자들이었다.

어느 날 7명의 중신重臣이 젊은 영주를 찾아와 불만을 터트렸다. 그들은 신체제의 즉시 철회를 약속하라고 강요했다. 영주는 대답하지 않았다. 영주는 자신에 대한 평가를 부하들에게 맡길 요량이었다. 만에 하나라도 사람들이 새로운 체제에 반대한다면 영주 자리를 내놓고 훨씬 뛰어난 유능한 인물을 고를 심산이었다. 그래서 영주는 즉시 지위고하를 막론하고 가신 전원을 총회에 소집했다. 무장한 수

천 명의 가신들이 성안으로 몰려와 대기했다. 그러는 사이에 영주는 가스가 춘일春日 신사神社로 달려가 난문難問의 무사 해결을 기원했다.

그런 다음 가신들 앞에 나타나 자신이 펴는 정치가 천의天意에 어긋나는가 하고 물었다. 고위직 사무요원들이 '아닙니다'고 대답했다. 중간 간부들도 일제히 '아닙니다'고 대답했다. 하급 무사들도 '아닙니다'고 고개를 저었다. 그들은 그야말로 이구동성으로 아니라고 답했던 것이다. 영주는 만족했다. 민民의 목소리는 신神의 목소리였다. 결론은 내려진 셈이었다. 영주는 7명의 중신을 면전으로 불러 판결을 내렸다. 그 중 5명은 소유 영지의 절반을 몰수했고, 무기한 폐문閉門 조치를 내렸다. 주모자인 2명에게는 사무라이의 규칙에 따라 명예로운 자결 방법인 할복을 명했다.

이렇게 해서 보수파와 불평파가 일소되고 번정藩政이 크게 호전되었다. 이 일이 마무리될 때까지 어떤 개혁도 미완성이었다. 젊은 영주는 돈독한 신앙심과 풍부한 감성을 지닌 참된 영웅이었다. 앞으로 이 영주에게 슬기로운 치세를 기대할 수 있으리라.

4- 산업개혁

요잔의 산업개혁은 두 가지가 있었다. 영내의 황무지를 그대로 버려 두지 않는다는 것과, 백성들 가운데 게으름뱅이를 용서하지 않는다는 것이었다. 영지 자체가 워낙 비옥하지는 않았으나 영주와 백성들의 노력 여하에 따라서는 15만 석 영지에서 30만 석을 산출해낼 수도 있으리라 믿었다. 따라서 농업 장려에 전력을 기울였다. 그를 위해 취임한 지 2, 3년 뒤 요잔은 대대적인 '적전籍田의 예禮'를 올렸다.

영주 이하 모든 관료들이 예복을 차려입고 우선 가스가 신사를 참배하면서 신에게 행사의 목적을 보고했다. 그런 다음 일행은 가장 최근에 개간한 땅을 찾아갔다. 거기서 영주가 먼저 괭이를 손에 쥐고 엄숙하게 땅을 세 번 쳤다.

이어서 집정관이 9번을 쳤다. 그 뒤를 이어 행정관이 27번, 대관代官이 81번을 쳤다. 마지막으로 그야말로 '대지를 일구는 사람'인 농부의 차례가 되었다. 적전의 예는 앞으로 땅을 신성하게 여기며, 윤택한 생활을 보장하는 것은 오로지 땅이라는 사실을 공공연하게 선언하는 의미가 있었다. 결코 미신이 아니었다.

사무라이들은 평시에는 농민으로 일했다. 그리하여 황무지를 수천 정보에 달하는 농지로 개간했다. 요잔은 옻나무를 광범위하게 심도록 명했다. 번의 무사들은 1인당 15그루, 그 외의 백성들은 5그루씩, 그리고 절 경내에는 20그루씩을 심어야 했다.

할당된 몫 이상으로 심었을 경우에는 한 그루 당 20문文의 보상금을 주었다. 묘목이 말라죽고 대신 새 묘목을 심지 않았을 경우에는 똑같은 액수의 벌금을 물어야했다. 그 결과 단시일 내에 100만 그루가 넘는 묘목이 영지 내에 심어졌다. 이것은 후세에 커다란 영향을 안겨주었다. 개간에 적합하지 않은 땅에는 100만여 그루의 닥나무를 심었다.

그러나 요잔의 진짜 목적은 자신의 영지를 일본 최대의 비단 생산지로 만드는 것이었다. 거기에 필요한 자금을 염

출할 여유가 텅 빈 번의 곳간에는 있을 리 없었다. 그래서 요잔은 영주의 살림살이용 비용을 209냥에서 다시 50냥으로 삭감했다. 절약한 돈으로 백성들 사이에 이 산업을 적극 추진하기 위한 자금으로 삼았다. 젊은 영주는 "쥐꼬리만한 돈이라도 오래 모으면 거금이 된다"고 말했다. 티끌 모아 태산이라는 신념이었다.

요잔이 이렇게 50년을 계속한 결과, 처음 심기 시작한 수천 그루의 뽕나무가 점점 늘어나 영지 내에는 더 이상 심을 곳이 없어져 버렸다. 요네자와 지방의 오늘이 있는 것이나, 다른 어느 지역에 지지 않을 비단의 산지가 된 것도 저 옛날 요잔이 보여준 인내심과 자애심의 은총이라고 하지 않을 수 없다. 요네자와산産 비단은 지금도 시장에서 최고급품의 하나로 손꼽히고 있다.

요잔의 영내에는 아직 황무지가 남아 있었다. 일본과 같은 쌀 생산국에서는 관개灌漑가 좋은 곳이라야 풍년을 구가한다. 관개가 잘 되어 있지 않으면 대부분의 땅은 불모지가 되기 십상이다. 장거리에 걸친 용수로用水路 건설은 가난한 번의 재정 상태로는 불가능하게 여겨졌다.

요잔의 검약은 쩨쩨함과는 달랐다. '베풀고 낭비하지 말지어다'가 요잔의 모토였다. 공공의 복지를 위해서라면 요잔은 불가능 따위는 생각하지 않았다. 그에게는 자금 부족을 메우기에 충분한 인내력이 있었다. 옛날 일본에서 행해진 가장 거창한 토목공사를 두 번이나 기획하여 완성한 인물이 바로 이 가장 가난한 다이묘였다.

하나는 길이 28마일에 달하는 고가교高架橋와 높고 긴 둑으로 건설한 용수로이며, 이것은 수력 기술의 대표작이었다. 또 하나는 단단한 암반에 1200피트의 터널을 뚫음으로써 거대한 물줄기를 바꾼 공사였다. 이 공사는 요잔의 치세 20년 동안 이어졌으며, 그가 남긴 최대의 공헌이었다.

요잔의 가신 가운데 구로이黑井라는 이름의 행동거지가 굼뜨고 말수가 적은 사내가 있었다. 요잔이 그의 능력을 발견하기 전까지 그는 밥이나 축내는 아무 짝에 쓸모 없는 인간으로 취급받았다. 그런 사내가 사실은 유례가 드문 귀신 같은 산술算術 재능의 소유자였던 것이다. 구로이는 자신이 지닌 조잡한 기구를 이용하여 영내를 정밀하게 측량, 주위 사람들이 다들 정신이 나갔다고 여기는 공사 계획을 세웠다.

그가 세운 계획 중 첫 번째 것은 완성을 보았다. 그러나 다음 공사에 한창 매달리다가 죽고 말았다. 하지만 계획은 구로이가 예정했던 그대로 계속되었다. 기공 후 20년이 지나 양쪽 끝에서 파 들어간 터널이 관통되었다.

위아래의 차이는 4피트였다. 일본에서는 트랜싯(측량시 각도 측정기)이나 세오드라이트(트랜싯보다 정밀한 측정기) 등의 기계가 아직 알려져 있지 않았던 시절이었던 만큼 그가 기적적이라 일컬어질 정도로 정확한 계산을 한 셈이었다. 이로써 황무지에는 꽃이 피고, 요네자와 지방은 실로 비옥한 땅으로 바뀌었다. 일본 동북지방에서 요네자와만큼은 그 이후 오늘날에 이르기까지 물 부족을 겪은 적이 없었다.

영주는 백성의 행복을 위한 배려를 소홀히 하지 않았다. 품종이 좋은 말馬을 도입했고, 저수지나 강에는 잉어와 장어를 길렀다. 다른 지방에서 광부와 직공織工을 불러들여 상업에서의 어려움을 몽땅 제거했다. 영지 내에 있는 자원은 모든 수단을 동원하여 죄다 개발하기 위해 애썼다.

그와 동시에 백성들 가운데 게으른 자를 없애 저마다 한 몫을 하는 일꾼으로 다시 태어났다. 이로써 예전에는 전국에서 가장 빈한한 곳이었던 요네자와가 요잔의 만년에는 모범적인 물산지物産地로 바뀌었고, 지금도 그것이 이어져 내려올 만큼 큰 변모를 가져왔다.

5- 사회와 도덕의 개혁

동양사상의 하나의 미덕은 경제와 도덕을 나누지 않는 사고방식이다. 동양의 사상가들은 '부富는 항상 덕德의 결과이며, 이 둘은 나무와 열매의 상호관계나 마찬가지다'고 간주했다. 나무에 거름을 잘 주면 따로 노력하지 않아도 결실을 얻을 수 있다. 백성을 사랑한다면 부는 당연히 따라오리라. "그러니 현자賢者는 나무를 생각하고 열매를 얻는다. 소인은 열매를 생각하고 열매를 얻지 못한다." 이 같은 유교의 가르침을 요잔은 스승인 호소이로부터 배웠다.

요잔이 행한 산업개혁 전반을 통하여 특히 빼어난 점은, 덕망 있는 가신 육성을 산업개혁의 중심에 놓았다는 사실이다. 쾌락주의적인 행복관은 요잔의 신념과 달랐다. 부를 얻는 것은 그로써 다들 예절을 아는 사람이 되기 위한 것이었다. '의식衣食이 채워지면 예절을 안다'고 옛 성현도 말씀하셨지 않은가.*

요잔은 당시의 습관에는 전혀 얽매이지 않고 하늘이 자신에게 맡긴 백성을 그의 신분이야 무엇이건 가리지 않고 '인간의 길'로 함께 이끌어 가고자 했다.

영주에 오른 지 몇 해가 흘러 다른 개혁이 순조롭게 진행되자 요잔은 폐쇄되어 있던 교육기관인 번교藩校의 문을 다시 열고 흥양관興讓館이라 이름 붙였다. '겸양의 덕을 진흥하는 곳'이라는 뜻으로, 그가 얼마나 덕을 마음 깊이 새기고 있는 지를 잘 드러내는 이름이었다.

번교의 규모와 설비는 당시의 번 재정사정으로 보자면 영 어울리지 않았다. 관장으로는 당대 굴지의 학자 가운데 한 명으로 요잔의 스승인 호소이를 초빙했다. 게다가 재능이 있으나 가난한 학생들에게 고등교육의 기회를 주기 위해 장학금을 주고 학비를 면제했다.

창립 이래 100년 가까운 사이에 요네자와의 번교는 전국 번교의 모델이 되었다. 현재까지도 옛 이름 그대로 존속하

---

*《관자管子》에 나오는 구절.

고 있다. 아마 일본에 있는 이런 류의 학교로서는 가장 역사가 오래되었으리라.

그러나 제아무리 인정仁政을 펼쳐도 병자를 치료할 시설을 갖추지 않으면 불완전하다고 할 수밖에 없다. 이 점에 있어서도 이 뛰어난 영주는 우리의 기대를 저버리지 않았다. 의학교가 개설되고, 교육을 위해 당시 일본에서는 최고의 의사 두 명이 교사로 초대되었다. 약초 재배를 위한 식물원도 세워졌다. 거기서 채취한 약초로 약학을 가르치고, 조제도 동시에 행해졌다.

서양의학을 공포와 의혹의 눈으로 바라보던 그 시절에 요잔은 몇 명의 가신을 일본 최초의 서양의사 스기타 겐파쿠杉田玄白에게 보내 새로운 의술을 배우도록 했다. 그렇게 해서 서양의학이 한의학을 앞선다는 사실을 깨닫자 어떤 의료기기이든 비용을 아끼지 않고 가능한 한 죄다 구입했다. 그것을 의학교에 비치하여 교육과 실습을 마음놓고 하도록 했다.

이처럼 미국의 페리 함대가 에도 앞 바다에 모습을 드러내기 50년 전에 북일본의 한적한 산간지방에 서양의학이 일반인 사이를 파고들었던 것이다. 요잔이 배운 한학은 요잔을 중국인으로 바꾸지는 못했던 셈이다.

요잔의 순수한 사회개혁에 관해서는 이 자리에서 두 가지만 언급하고 그치기로 한다.

공창公娼의 폐지는 요잔의 인정에 잘 들어맞았다. 폐지하면 욕정을 풀 길이 없어 다른 흉악한 방법으로 사회의 순결을 위험에 빠뜨릴 것이라는 반대론을 요잔은 딱 잘라 한 마디로 물리쳤다. "만약 욕정을 그런 식으로 진정시키자면 수없이 많은 유곽이 필요해질 것이다." 요잔은 공창을 폐지했지만, 그 때문에 아무런 사회적 불상사도 일어나지 않았다.

영지 내에서 가장 중요한 계층인 농민들에 대한 가르침은 '오십조합伍十組合의 영令'이었다. 이것은 요잔의 이상국가를 절묘하게 드러내고 있으므로 가능한 한 원문에 충실하게 전부 게재하기로 한다.

> 농민의 천직은 농(농작물을 가꾼다), 상(桑=누에고치를 기른다)이다. 여기에 힘을 기울여 부모와 처자를 부양하고, 신세 진 값으로 세금을 낸다. 그러나 이것은 모두 상호 의존과 협력이 있어야 비로소 가능해진다. 그러기 위해서는 어떤 종류의 조합이 필요하다. 이미 조합이 있기는 하나 크게 의지하기에는 미흡하다고 들었다. 그래서

새롭게 다음과 같이 오십조합과 5개 촌村 조합을 설치한다.

(1) 5인조(호주만 헤아린다. 이하 마찬가지)는 한가족처럼 항상 친하게 지내고 희로애락을 함께 해야 한다.
(2) 10인조는 친척처럼 서로 오가며 가사家事에 매달려야 한다.
(3) 같은 마을 사람들은 친구처럼 서로 돕고 뒷바라지를 해주어야 한다.
(4) 5개 촌 조합에 속한 자는 참된 이웃이라면 어떤 경우라도 서로 돕듯이 낭패 당한 사람을 도와야 한다.
(5) 서로 앞장서서 친절을 베풀어야 한다. 만일 나이가 들고 자식이 없는 자, 부모가 없는 어린아이, 가난해서 양자를 들이지 못하는 자, 배우자를 잃은 자, 신체에 장애가 있고 자활할 수 없는 자, 병들어 생계가 막막한 자, 죽어서 매장을 못하는 자, 불이 나 밤이슬을 피할 곳조차 없어진 자, 혹은 다른 재난으로 가족이 곤경에 처한 자, 이렇게 의지할 데가 없는 자는 5인조가 맡아 가족처럼 보살펴야 한다. 5인조의 힘이 모자랄 경우에는 10인조가

힘을 빌려주지 않으면 안 된다. 만에 하나, 그래도 모자랄 경우에는 마을이 나서서 곤란을 해결하고 살림살이를 해나갈 수 있도록 해주어야 한다. 한 마을 전체가 재해를 당하여 생활을 잇지 못할 위기에 빠졌는데도 이웃 마을이 전혀 원조의 손길조차 뻗치지 않고 방관해서는 안 된다. 5개 촌 조합의 4개 촌은 기꺼이 구제에 나서야 한다.

(6) 선을 권장하고 악을 물리치며, 검약을 추진하고 사치를 삼가라. 그렇게 해서 천직에 정진하는 것이 조합을 결성하는 목적이다. 논밭 경작을 게을리 하고 장사를 내팽개친 채 다른 일에 몰입하는 자, 가무歌舞, 연극, 주연酒宴을 비롯하여 다른 유흥에 빠진 자가 있으면 먼저 5인조가 주의를 주고, 이어서 10인조가 주의주어야 한다. 그래도 감당하지 못할 때에는 살짝 마을 관리에게 알려 상응한 처분을 받도록 해야 한다.

향화享和 2년(1802년) 2월

이 포고의 어디에고 관官의 냄새를 맡을 수 없다. 이런 류의 규칙이 지구상의 다른 어딘가에서 포고되어 실행에 옮겨졌다는 이야기를 나는 여태 들은 적이 없다. 요잔이 다스린 요네자와 뿐이라고 단언해도 무방하리라. 미국에서 말하는 농업조합은 산업조합에 다름 아니며, 그 중심적인 목적은 이득이다. 우리의 영주가 말하는 농민조합에 해당하는 것을 들자면 '사도使徒의 교회'에까지 가야 한다.

요잔은 각 행정 담당관이나 번교, 다양한 포고 등의 제도를 잘 이용하여 선정을 폈다. 무엇보다 스스로 모범을 보이면서 15만 명의 사회를 서서히, 그리고 효과적으로 자신이 꿈꾸던 세계로 만들어 갔다. 그것이 어디까지 성공을 거두었느냐 하는 점은 저명한 학자 구라나리 류쇼倉成龍渚가 '성인의 치정治政'을 견학하느라 일부러 요네자와를 찾아가 기록한 글 속에 나오는 다음과 같은 초록抄錄을 통해서도 알 수 있다.

> 요네자와에는 무인無人 장사가 있다. 마을에서 떨어진 길가에 짚신이나 과일, 그 밖의 물건을 가격표를 붙여 늘어놓고 주인은 온데간데없다. 사람들은 거기로 가서 가격표대로 돈을 놓고 물건을 가져간다. 누구 하나 이 시장에서 도난이 생기리라 염려하지 않는다.
>
> 요잔이 있는 관청에서는 당연히 고위 관리가 가장 가난

하다. R은 수석 참모이며 영주의 사랑과 신임을 받고 있는 점에서는 누구에게도 뒤떨어지지 않는다. 그렇지만 그가 사는 모습을 보면 의식衣食이 가난한 학생이나 다름없다.

영지 내에는 세관도 없고, 아무도 자유로운 교역을 방해하지 않는다. 그러면서 밀수 따위는 여태 저질러진 적이 없다.

독자들은 내가 마치 옛날 이야기에 나오는 듯한 목가적인 풍경을 그리고 있다고 오해하지 마시기 바란다. 내가 소개하는 세계는 아직 100년도 지나지 않은 시기에 이 지구상의 잘 알려진 지역에서, 실제로 일어났던 일인 것이다. 설사 그것을 실행한 인물이 존재하던 시대 그대로가 아니더라도, 후세에의 영향은 지금껏 뚜렷이 남아 있다.

6- 인간성

요즈음은 인간을 아담의 평범한 자손 이상으로 그리면 시대에 뒤떨어졌다는 핀잔을 듣는다. 특히 '하느님의 은혜와 계시의 바깥'에 있는 이교도라면 더욱 그렇다. 일본인들은 일본의 영웅을 신처럼 떠받들곤 하여 많은 비난이 쏟아지고 있다.

그러나 숱한 그 사람들 가운데 요잔만큼 결점이나 약점을 꼽기 힘든 인물은 없다. 요잔 자신이 그 어떤 전기傳記 작가보다 더 스스로의 결점과 약점을 잘 알고 있었기 때문이다. 요잔은 말 그대로 한 사람의 인간이었다. 약한 인간이었기에 영주 자리에 오르면서 서약서를 신에게 바쳤던 것이다.

요잔 자신이나 번에 위기가 닥치면 그는 반드시 수호신을 찾았다. 그것은 감히 말하건대 요잔이 약한 탓이었다. 그가 에도의 저택에 머물고 있을 때의 일이다. 어느 날 효심이 지극한 부하를 표창하기 위해 그들의 이름이 적힌 문서가 올라왔다. 영주가 검열한 뒤 승인을 해야 했던 것이다. 그런데 스승의 강의를 듣고 있던 요잔이 한 번 힐끗 쳐다본 뒤 강의가 끝날 때까지 서랍에 넣어두라고 명했다.

이윽고 강의는 끝났으나 요잔은 그 중요한 업무를 까맣게 잊어버리고 말았다. 근시近侍 가운데 한 명이 '천승지군千乘之君'으로서는 용서하지 못할 태만 행위라며 영주를 몰아세웠다.(수레 1천 대를 가진 큰 나라를 천승지국이라 부른다. 천승지군은 그런 나라의 군주). 영주는 부끄러워 어쩔 줄 몰랐다. 그 자리에 주저앉은 채 눈물을 흘리면서 밤을 꼴딱 세웠다. "너무나 부끄러워 아침 식사도 들지 않았다"고 한다.

이튿날 아침 그를 찾아온 스승이 공자孔子가 쓴 책의 한 구절을 인용하며 잘못을 용서했다. 이렇게 해서 간신히 '음식이 요잔의 목을 넘어 갔다'는 것이다. 그토록 예민한 감성의 소유자에게 너무 혹독한 역사비평은 삼가하여 주었으면 좋겠다.

하지만 요잔의 솔직하고 고결한 인격이 가장 분명하게 드러나는 대목은 그 가정과 가족관계이다. 그가 얼마나 검약한지는 이미 설명했다. 요네자와의 재정에 관한 신용이 거의 회복되고, 얼마든지 풍요롭게 생활할 수 있는 시절이 된 후로도 요잔은 평생을 통해 무명옷과 변변찮은 식사로 일관했다. 낡아빠진 다다미는 더 이상 수리를 할 수 없을 때까지 그냥 그대로 썼으며, 벗겨진 다다미에 직접 종이를 바르는 광경이 수시로 목격되었다.

요잔의 가정관家庭觀은 정말이지 훌륭했다. 성인이 말하는 수신제가치국평천하修身齊家治國平天下를 한 치 어긋남 없이 실행에 옮겼다. 당시에는 요잔처럼 사회적인 신분이 높은 인간이 측실을 거느리는 것은 누구 하나 이상하게 여기지 않는 당연한 일이었다. 영주인 다이묘 쯤 되면 대개 네댓 명의 측실을 두던 시절에 요잔은 열 살 연상의 측실 한 명만을 두었다. 이 또한 특별한 사정에 의해 이루어진 일이었다.

요잔은 성인이 되기 전에 당시 일본의 풍습에 따라 부모가 정해주는 대로 혼인을 했다. 그런데 상대 여성은 선천적인 지적 장애가 있었다. 여성의 지력은 10세 짜리 어린아이만도 못했다. 그렇지만 요잔은 진심에서 우러나온 애정과 존경으로 여성을 대했다. 그녀를 위해 놀이 도구와 인형을 만들어 주는 등 온갖 정성을 다 바쳤다. 20년의 결혼생활을 통해 자신이 처한 운명에 대해 눈곱만큼도 불만을 드러내는 법이 없었다.

여성은 에도의 저택에서만 살았다. 측실은 영지인 요네자와에 살도록 했고, 결코 지적 장애를 가진 에도의 본처에 준하는 지위를 허락하지 않았다. 물론 본처 쪽에서는 아이가 태어나지 않았다.

요잔은 당연히 자상한 아버지였다. 자녀 교육에 끊임없이 신경을 썼다. 세습제인 봉건시대에는 백성의 장래 행복은 오로지 영주가 어떤 후계자를 남기는가에 크게 좌우되었기 때문이다. 요잔은 그것이 얼마나 중요한지 잘 알고 있었다.

그는 자녀들에게 '큰 사명을 잊고 스스로의 이욕利慾에 희생되지 말 것'과 '가난한 사람들에 대한 배려'를 가르쳤다. 요잔이 자녀를 어떻게 가르쳤는지 알아보기 위해 그가 손녀들에게 적어준 수많은 멋진 편지 가운데에서 한 통을 골라 소개하기로 한다. 그 편지는 남편과 에도에서 살게 되어 부모의 슬하를 떠나는 큰손녀에게 적어준 것이다.

사람은 세 가지 은의恩義를 입고 자란다. 부모와 스승과 주군이다. 그 은의는 이루 다 헤아릴 수 없으나 그 중에서도 가장 큰 것은 부모의 은혜이다.

이 세상에 태어난 것은 부모의 은혜이다. 자신의 몸이 부모의 일부라는 사실을 결코 잊어서는 안 된다. 부모를 모실 때에는 거짓 없는 마음으로 대해야 한다. 만약 잘못을 저지르더라도 진심만 있으면 커다란 잘못이 아니다. 지혜가 모자라서 하지 못한다는 생각은 버려라(그 모자람은 진심이 채워준다).

영지를 다스리는 일이 도저히 힘에 부친다고 여길지 모른다. 그러나 영지를 다스리는 근본은 잘 정돈된 집안에 있다고 보면 된다. 잘 정돈된 집은 부부 관계가 제대로 서 있지 않으면 안 된다. 수원水源이 흐린 강에서 무슨 수로 맑은 강물을 기대할 수 있겠는가!

젊은 여성인지라 옷차림에 마음을 빼앗기기 쉬운 것은 당연한 노릇이다. 하지만 가르쳐준 검약의 습관을 잊어서는 안 된다. 양잠을 위시하여 여성의 일에 몰두하고, 동시에 와카(和歌= 일본의 전통 시가)나 가서歌書를 대하면서 마음을 닦도록 해라.

문화나 교양은 그 자체를 목적으로 삼아서는 안 된다.

모든 학문의 목적은 덕을 쌓는 것과 통한다. 그를 위해 선을 권장하고 악을 피하도록 가르치는 학문을 택하는 게 낫다. 와카는 마음에 위안을 준다. 그로 인해 달이나 꽃이 마음의 양식이 되고, 정조情操를 높여준다.

네 남편은 아버지로서 백성을 이끌고, 너는 어머니로서 백성을 아껴야 한다. 그럴 때 백성들은 너희를 부모로 존경한다. 이것을 능가하는 기쁨이 어디 있겠느냐.

시부모에게는 부디 효성을 다하기 바란다. 진심을 담아 주인이자 남편인 사람을 섬기어 한없이 번영하기를, 내 손녀가 태어난 영지에 어울리는 정숙한 여성으로 칭송받기를 기원한다. 에도로 길떠나는 나의 손녀여! 봄이 되어 꽃무늬 옷을 입을 계절이 찾아오더라도 시골 아버지의 집에서 살던 겨울을 잊지 말거라.

이 근면한 절제가節制家는 건강하게 칠십 평생을 보냈다. 젊은 날의 희망은 거의 다 이루어졌다. 번은 안정되었고, 백성의 삶은 넉넉해졌으며, 영지 전체가 풍요로움으로 가득 찼다. 영지 전체를 통틀어 닷 냥의 돈조차 마련하지 못하던 것이 이제는 단 한 마디면 1만 냥을 모을 수 있게 변했다. 그것을 이루어낸 인물의 마지막 가는 길이 편안하지 않을 리가 없었다. 요잔은 문정文政 5년(1822년) 3월19일 숨을 거두었으며, 이런 글이 전해진다.

> 백성들은 자신의 할아버지를 잃은 듯 울었다. 계층을 막론하고 슬픔에 잠겼으며, 그 모습을 필설로 형용하기 힘들었다. 장례식 날에는 수만 명의 애도 인파가 거리에 넘쳐흘렀다. 합장을 하고 머리를 숙인 사람들의 입에서 한없는 슬픔의 탄식이 새어나왔다. 산천초목마저 함께 울었다.

에도시대 말기의 탁월한 농정가農政家.
'긴지로金次郎'라는 애칭으로 더 잘 알려져 있다.
가난한 농민의 아들로 태어나 몰락한 집안을 일으키느라 어린 나이에 황무지 개간 등의 지혜를 터득, 어엿한 지주로 성장했다.
신도神道와 불교, 유교 사상을 바탕에 깔고 스스로 음덕陰德, 적선積善, 검약을 실천하면서 풍요로운 농촌 건설에 매달렸다.
다른 지역 영주들도 그를 초빙하려 안달했고, 결국 모두 605개 마을이 그의 풍부한 농업지식에 의해 되살아났다.
언제나 책을 가까이 하여 《논어》《대학》에서 불서佛書까지 닥치는 대로 섭렵했다.

니노미야 손토쿠 二宮尊德

(1787~1856년)

1- 20세기 초의 일본 농업

'농업은 국가 존립의 근본이다'는 말은 일본에도 그대로 적용된다. 해운이나 상업상의 이점이 많다고는 하지만, 사람들이 생활을 주로 땅에 의존하고 있기 때문이다. 다만 자연의 산출력에만 의지했다가는 15만 평방마일 가운데 고작 20% 밖에 경작할 곳이 없는 한정된 국토에서 4,800만 명이나 되는 거대한 인구를 먹여 살릴 수는 없는 노릇이었다.

토지는 최대한의 생산이 가능하도록 이용해야 했고, 그러려면 인간의 재능과 근면을 최대한 짜낼 필요가 있었다.

일본의 농업은 세계에서도 가장 주목받을만하다. 흙 한 줌 한 줌을 정성껏 다루고, 거기서 피어나는 싹 하나 하나에 자식에 대한 애정이나 다름없는 뒷바라지를 한다. 일본인에게 모자랐던 과학을 꾸준한 근면으로 보충했으며, 그 결과 채원茶園이라 불릴만한 치밀하게 잘 정돈된 1,300에이커의 경작지를 소유하기에 이르렀다.

이와 같은 고도의 농경農耕은 사람들의 엄청난 노력이 있어야 비로소 가능해진다. 조금이라도 게으름을 피우면 실로 볼품 없는 황무지로 금방 변하고 마는 것이다. 잘 경작되던 땅이 사람의 손길이 닿지 않아 방치되어 있는 것을 바라보노라면 정말이지 가슴이 아프다. 거기에서는 원시림이 지닌 활력이나 번성함을 찾을 길이 없다.

버려진 황무지는 어두운 절망을 안겨준다. 처녀지의 개간에 뜻을 둔 사람 10명이 있다고 치자. 그 중 버려진 땅을 다시 가꾸겠다고 마음먹는 사람은 한 명도 없다. 검약하고 일하기 즐기는 세계 여러 나라 사람들이 군침을 흘리며 선호하는 곳은 미국대륙이다. 그런 한편으로 '바빌론은 올빼미와 전갈의 소굴이 된 채 버려져 있다.'*

19세기 초 일본의 농업은 몹시 비참한 상태였다. 200년이라는 장기간에 걸쳐 이어진 태평스런 세상은 계층을 가리지 않고 사람들 사이에 사치와 낭비 바람을 일으켰다. 나

---

*구약성서에 나오는 황폐해진 땅의 상태.

태함이 만연함으로써 직접 피해를 입는 것은 경작지였다. 여러 지방에서 농사 수입이 3분의 2로 줄어들었다. 왕년에 풍성한 수확을 거두었던 토지에는 엉겅퀴와 가시나무만 무성했다. 경작지로 남겨진 보잘것없는 땅을 일구어 부과된 세금을 몽땅 바치지 않으면 안 되었다.

어느 마을을 가건 처절하게 황폐해진 모습만 눈에 띄었다. 정직하게 일하기가 귀찮아진 사람들은 제 몸을 망가뜨리고 말았다. 자애로운 대지에서 풍요로운 결실을 바라지 않게 되었다. 그 대신 희망 없는 생활을 유지하느라 서로 속이고 사기를 쳐서 얼마 되지 않는 생필품을 차지하려고 했다.

모든 악의 근원은 도덕에 있었다. '자연'은 그 망신스러운 사람들에게 대가를 치르게 했다. 재해란 재해는 모조리 일어났던 것이다. 그럴 즈음 '자연'의 법과 정신을 함께 하는 한 사람의 인물이 태어났다.

2- 소년시절

덕을 숭상한다고 해서 손토쿠尊德로도 불린 니노미야 긴지로二宮金次郎는 천명天明 7년(1787년)에 태어났다. 아버지는 사가미相模 지방의 두메산골에 사는 아주 가난한 농부였다. 그러나 이웃사람들에게는 정이 깊고 공공심이 투철한 사람으로 알려져 있었다. 열여섯 살 때 손토쿠와 두 명의 동생은 부모를 잃었다. 친족 회의 결과 가련하게도 형제는 서로 떨어지게 되었다. 장남인 손토쿠는 큰아버지에게 맡겨졌다.

큰집으로 간 뒤 이 청소년은 되도록 큰아버지에게 폐를 끼치지 말아야 한다며 열심히 일했다. 손토쿠는 어른 한 명분의 일을 자신이 감당하지 못함을 한탄했다. 그러나 어린 탓으로 낮에 다 해내지 못한 일은 언제나 밤늦게까지 계속하여 마무리짓곤 했다. 그 무렵 손토쿠의 심중에는 글자를 읽을 줄 몰라 옛 사람들의 학문을 깨우치지 못하는 인간이 되어서는 안 되겠다는 결심이 섰다. 그래서 공자의 《대학》을 한 권 입수하여 하루 일을 마친 다음인 한밤중에 고전 공부에 몰입했다.

그런데 어느 날 큰아버지에게 들키고 말았다. 큰아버지는 자신에게도 아무런 보탬이 되지 않았고, 어린 손토쿠를 위해서도 실제로 도움이 될 것으로 보이지 않는 공부를 하느라 귀중한 등유를 쓰다니 말이 되느냐고 호되게 야단쳤다. 손토쿠는 큰아버지의 꾸지람이 당연하다고 여겨 스스로 돈을 벌어 등유를 살 수 있을 때까지 공부를 포기하기로 했다.

이렇게 해서 이듬해 봄, 손토쿠는 강가의 손바닥만한 빈터를 개간하여 유채 씨앗을 뿌렸다. 그는 휴일조차 잊고 자신이 심은 작물 재배에 매달렸다. 일년이 지나 커다란 마대 하나에 가득 찰 만큼 유채 씨를 땄다.

스스로 가꾸어 얻은 수확이었다. 성실한 노동의 보수로서 자연으로부터 얻은 선물이나 다름없었다. 손토쿠는 이 유채 씨앗을 가까운 기름집으로 가져가 기름 몇 되와 교환

했다. 손토쿠는 이제 큰아버지에게 신세지지 않고 공부를 다시 할 수 있다는 생각에 무한한 희열을 느꼈다.

손토쿠는 지체 없이 밤공부를 재개했다. 이 같은 자신의 인내와 근면을 큰아버지가 칭찬해주지 않을까 하는 기대도 슬그머니 들었다. 그러나 그것은 착각이었다. 큰아버지는 "내가 보살펴 주고 있으므로 너의 시간은 내 것이다, 너를 독서 따위의 아무 짝에 소용없는 일에 빠지게 내버려둘 여유가 없다"고 말했다.

손토쿠는 이번에도 큰아버지의 말씀이 당연하다고 여겼다. 그래서 힘겨운 농사일이 끝난 다음에도 멍석이나 짚신을 짜는데 열중했다. 그 이후 손토쿠는 마른풀이나 땔감을 장만하느라 산에 올라갔다 내려오는 길에 짬짬이 공부를 했다.

휴일에는 쉴 수 있었으나 놀면서 시간을 보내지는 않았다. 유채 재배의 경험은 그에게 열심히 일하는 것의 가치를 일깨워주었다. 손토쿠는 좀더 대규모로 똑같은 경험을 시도해보고 싶었다.

최근 홍수로 인해 늪지로 변해버린 곳을 마을 근처에서 발견했다. 그곳은 자신의 휴일을 유익한 목적에 쓸 수 있는 절호의 장소가 될 것 같았다. 늪에서 물을 빼낸 다음 밑바

닥을 평평하게 다져 그럭저럭 쓸만한 논을 장만했다. 그 논에다 농부들이 모내기하다가 남아서 내다버리는 모를 주어와 심었다. 그리고는 게으름 피우지 않고 여름 내내 돌보았다.

가을이 되자 두 가마니나 되는 멋진 벼가 익었다. 한 명의 고아가 힘겨운 노력의 보수(報酬)로 인생에서 첫 생활의 양식을 얻은 기쁨이 얼마나 컸는지는 쉬 상상이 간다. 이해 가을에 손토쿠가 수확한 쌀은 그 후 파란만장한 생애의 출발점이자 그 자금이 되었다.

그는 참된 독립인이었던 것이다. 자연은 정직하게 노력하는 자의 편이라는 사실을 배웠다. 손토쿠의 그 후의 개혁에 관한 신념은 모조리 자연은 그 법칙에 따르는 자에게는 풍요로운 보답을 내린다고 하는 간단한 철칙에 기반을 두고 있었다.

몇 해 뒤 손토쿠는 큰아버지의 집을 나왔다. 스스로 찾아내어 개량한 마을 늪지에서 직접 수확한 얼마 되지 않는 쌀을 밑천으로 삼아, 그 동안 비워두었던 자신의 집으로 돌아갔던 것이다. 손토쿠가 인내와 신념과 근면으로 혼란을 수습하고, 황무지를 옥토로 바꾸려는 시도를 방해하는 자는 아무도 없었다. 비탈진 산등성이, 강기슭, 길가, 늪지

등 불모의 땅은 손토쿠의 손길로 죄다 부(富)와 생활의 양식을 제공해 주는 곳으로 변했다.

몇 해가 지나지 않아 그는 꽤 많은 자산을 소유하기에 이르렀고, 인근 사람들로부터 모범적인 검약가, 근면가로 존경받는 인물이 되었다. 손토쿠는 무슨 일이건 스스로의 힘으로 극복했다. 또한 남이 자력으로 극복할 수 있도록 항상 도움을 아끼지 않았다.

3- 시련

　손토쿠의 명성은 날이 갈수록 높아져 오다와라小田原 영주인 오쿠보 다다자네大久保忠眞까지 인정하는 존재가 되었다. 손토쿠는 오쿠보의 백성이었고, 당시 오쿠보는 막부의 로주(老中= 쇼군의 직계 참모로 각 지역 영주를 감독하던 직책)로서 전국에 걸쳐 누구도 감히 넘볼 수 없는 권력을 쥐고 있었다.

　그는 그토록 유능한 자신의 백성을 시골에 파묻혀 살도록 내버려두지 않았다. 하지만 엄격한 봉건제도 하의 당시로서는 한낱 농부를 상당한 힘을 가진 지위에 발탁하기 위해서는 특별한 능력이 확실하게 보증되는 경우 이외에는 불가능한 일이었다. 평소의 사회적 관습을 깨트리려면 거기에 대해 어느 누구도 불평을 터트리지 않을 정도의 능력이 있어야 했다. 그로 인해 손토쿠에게 주어진 과업은 불굴의 인내심을 갖춘 손토쿠를 제하고는 다른 이들은 모두 꽁무니를 뺄 일들이었다.

오다와라 번의 영지 가운데 시모즈케下野 지방에는 근 100년 가까운 세월동안 버려진 채 황무지로 변한 세 마을이 있었다. 이 세 마을에는 한 때 450가구가 살았고, 해마다 쌀 4,000섬을 소작료로 영주에게 바치고 있었다. 그러나 지금은 자연이 황폐해지고 여우와 너구리가 민가를 제집 삼아 드나들었다. 인구는 이전의 3분의 1로 줄었으며, 궁핍한 농민들로부터 거둬들일 수 있는 소작료는 고작 800섬에 지나지 않았다.

빈곤은 도덕의 퇴폐를 불러와 왕년의 번성하던 마을이 이제는 도박의 소굴로 타락해 버렸다. 몇 차례나 부흥을 꾀해 보았으나 마을사람 스스로가 상습적인 도둑이자 게으름뱅이로 전락했던지라 아무리 돈을 들이고 애를 써도 소용이 없었다. 만약 성미 급한 영주였더라면 마을 주민을 모조리 쫓아내고 근면한 주민들을 새롭게 이주시켜 부흥을 시도했을지도 몰랐다.

그렇지만 아무런 희망조차 없는 그 같은 마을이야말로

오다와라 영주가 계획하던 목적에 부합되는 곳이었다. 그런 마을을 부흥시켜 본래의 부유함과 번영을 되살릴 수 있는 사람이라면 영지 내에 있는 수많은 폐촌의 재건을 몽땅 맡길 수 있으리라.

또한 이전 사람들이 보기 좋게 실패한 곳에서 성공을 거둘만한 사람이라면 그를 지도자로 내세워도 특권계급의 불만이 생겨날 리 없으리라. 이렇게 해서 손토쿠는 영주의 의뢰와 설득으로 사업을 맡기에 이르렀다.

일개 농민에 지나지 않는 손토쿠는 애당초 자신의 신분이 낮다는 점과, 그런 공공사업에는 전혀 능력이 없다는 평계로 대임을 맡기를 거절했다. 땅이나 파먹고 사는 농부인 자신이 평생을 통하여 이루고자 하는 바람은 고작 자신의 집안을 다시 일으키는 것이었다. 그것도 혼자 힘이 아니라 조상이 물려준 여덕(餘德)의 도움을 받으리라 마음먹었다.

그래도 영주는 3년이라는 세월동안 그를 설득했다. 그럼에도 불구하고 그는 겸손한 태도를 버리지 않은 채 자신의 초가집에서 무사 평온하게 살아가도록 해주십사고 빌었다.

그러나 존경하는 영주의 소망을 더 이상 거절하기 어렵다는 사실을 깨닫자 손토쿠는 자신이 맡아야 할 마을을 한 번 살펴볼 수 있도록 해달라고 청원했다. 130마일이나 떨어진 그곳까지 걸어가 몇 달 동안 마을사람들과 더불어 지내면서 한 집 한 집 찾아가 생활상태를 주의 깊게 살폈다.

아울러 토질과 황폐의 정도, 배수, 관개 설비 등을 상세히 조사했다. 그렇게 함으로써 황폐한 지역을 부흥시키기 위해 필요한 정보를 전부 모았다. 하지만 손토쿠가 영주에게 제출한 보고는 아주 비관적이었다. 단지 전혀 희망이 없지는 않았다. 그는 보고서에다 "인술仁術을 베풀 수만 있다면 가난한 그들에게 평화롭고 풍족한 삶을 되돌려줄 수 있습니다"고 적었다.

> 돈을 주거나 세금을 면제하는 방법으로는 이 곤궁을 구제하지 못할 것입니다. 진짜 구제할 수 있는 비결은 그들에게 주어지는 금전적 원조를 모조리 잘라버리는 것입니다. 그 같은 원조는 탐욕과 게으름을 유발하고, 수시로 사람들 사이에 다툼을 일으키는 원인이 됩니다. 황무지는 황무지 자체가 지닌 자력資力으로 개발해야 하며, 빈곤은 자력自力으로 물리치게 하지 않으면 안 됩니다.
>
> 주군께서는 이 황폐한 지역에서 더 많은 소출이 나기를 기대하지 마시기 바랍니다. 만약 1단(段= 1단은 1에이커의

4분의 1, 약 300평)의 논에서 두 가마니의 쌀이 수확된다면 한 가마니는 지역민들이 생계를 이어가는 데 쓰도록 하시고, 나머지 한 가마니는 다른 경작지를 개간하는 자금으로 사용하지 않으면 안 됩니다. 이런 수단이 아니고는 풍요로운 세상을 이루지 못합니다.

옛날 일본은 전부 황무지였습니다. 외부로부터의 원조는 전혀 없었으며 오로지 스스로의 노력이 있을 따름이었습니다. 선조들은 땅 자체가 가진 자원을 이용하여 오늘날과 같은 논밭, 정원, 도로, 마을을 일구었습니다. 인애, 근면, 자조自助를 덕으로 철저하게 이끌어야만 마을에 희망이 도래할 것입니다.

만약 성심 성의껏, 강한 인내심으로 일에 매달린다면 앞으로 10년 뒤에는 예전의 번영을 회복할 수 있지 않을까 여겨집니다.

이 얼마나 대담한 경제적 계획인가! 이 같은 계획에 반대하고 나설 사람이 있기나 할까? 도덕력을 경제개혁의 요소로서 중시한다, 그런 마을 재건안이 제출된 경우는 지금까지 단 한 번도 없었다. 이것은 신앙의 경제적인 응용이었다.

이 인간에게는 퓰리턴의 피가 약간 있었던 것이다. 아니 오히려 '외국에서 말하는 최대 다수의 최대 행복 사상'에 아직 물들지 않은 순수 일본인이 있었다고 말할 수 있겠다. 게다가 손토쿠에게는 자신의 말을 신용해주는 사람이 있었다. 그 사람은 바로 현명한 영주였다. 문명이 최근 100년이 될까말까한 사이에 우리를 이토록 바꿔놓은 것이다.

계획은 받아들여졌고, 이 농민 도덕가는 10년 동안 마을의 실질적인 지배자가 되었다. 그렇지만 손토쿠는 조상의 자산을 다시 일으키려던 자신의 숙원이 중단되는 것이 슬펐다. 손토쿠와 같은 성실 일변도의 인간으로서는 무슨 일이건 정신을 한 곳에만 집중하여 몰입하지 않는다면 그것은 죄악이었다. 공공을 위한 사업에 착수한 바에야 개인적인 일에서는 완전히 손을 떼야 옳았다.

내 집을 팽개쳐야 비로소 1천의 이웃을 구할 수 있다.

손토쿠는 이렇게 스스로를 달랬다. 자신이 소중하게 추진해온 일을 희생하는데 대해 아내의 동의를 구한 다음, 조상의 묘 앞에서 큰소리로 결의를 고했다. 그리고는 배수진을 치듯이 집마저 처분하여 흡사 별세계로 영원히 길을 떠나는 나그네처럼 고향 마을을 등뒤로 하고, 주군과 농민들에게 약속한 일에 매달렸다.

손토쿠의 황폐한 땅과 인심과의 싸움에 관해서는 이 자리에서 자세히 언급하지 않겠다. 거기에 권모술수는 없었다. 있었던 것은 오직 '지극 정성이면 천지도 움직인다' 는 신념뿐이었다. 요란한 식사를 피하고, 무명 이외에는 몸에 걸치지 않았으며, 남의 집에서는 식사 대접을 받지 않았다. 하루에 잠은 고작 2시간 밖에 자지 않았고, 밭에는 어느 부하보다 먼저 나가 제일 늦게 돌아왔다. 그렇게 해서 마을사람들이 견뎌야할 가혹한 운명을 스스로 함께 겪었던 것이다.

부하를 평가할 때는 자기 자신에게 하는 것과 마찬가지로 동기의 성실함을 갖고 판단했다. 그가 봐서 가장 일을 잘 하는 자는 가장 많은 일을 한 사람이 아니라, 가장 높은 동기를 갖고 일하는 사람이었다.

누군가가 일꾼 한 명을 추천한 적이 있었다. 다른 사람의 3배나 일을 할 수 있으며, 호인이라는 칭찬이 곁들여졌다. 우리의 농민 지도자는 그런 칭찬에는 숫제 귀기울이지 않았다. 그런데 한동안 세월이 흐른 뒤 그 일꾼을 표창해야 한다는 요청이 빗발쳤다.

손토쿠는 그 사람을 자기 앞으로 불렀다. 그리고 자신의 면전에서 다른 관리들 앞에서 했다는 3인분의 하루치 일을 해보라고 명했다. 사내에게는 그럴 능력이 없었다. 그는 감시하는 관리가 지켜볼 때에만 세 사람 몫의 일을 하는 척 잔꾀를 부린 것에 지나지 않았음을 실토했다.

우리의 지도자는 자신의 경험상 한 사람이 할 수 있는 일의 한계를 알고 있었던 것이다. 그러므로 엉뚱한 보고에 속지 않았다. 그 사내는 단단히 벌을 받아야했다.

일꾼들 가운데 나이가 들어 도저히 한 사람 몫의 일을 해내지 못하는 다른 사내가 있었다. 그가 맡은 일은 풀이나 나무를 베고 난 뒤 그루터기를 뽑아내는 것이었다. 그 작업은 뼈빠지게 힘이 드는 반면 일다운 일처럼 비치지 않았다. 하지만 사내는 자신이 택한 역할을 감수하면서 다른 일꾼들이 쉴 때도 일을 했다.

그처럼 돋보이지 않는 일이었지만 우리의 지도자는 그걸 놓치지 않았다. 급료를 지불하는 어느 날, 언제나 그랬듯이 일꾼 한 사람 한 사람이 자신이 일한 만큼 보수를 받았다. 그 중 가장 높은 영예와 보수를 받는 일꾼으로 호명된 사람은 바로 그 그루터기 뽑기를 하는 사내였다.

다들 깜짝 놀랐다. 물론 누구보다 더 놀란 사람은 이름이 불린 당사자였다. 그는 평소의 수당에 더하여 15냥(약 75달러)의 보너스를 받았다. 일꾼들의 하루 품삯이 겨우 2센트였던 시절이므로 가히 파격적인 금액이 아닐 수 없었다.

"어르신, 저는 보시다시피 나이를 먹어 한 사람 몫의 수당을 받을 자격이 없답니다. 일도 다른 사람보다 훨씬 못합니다. 무언가 착각하신 게 아닐까요? 마음이 거북해서 도저히 이 돈을 받을 수 없습니다."

사내의 말이 떨어지자마자 '아니, 그렇지 않아!'라면서 우리의 지도자가 무겁게 입을 열었다.

"자네는 다른 누구도 하고 싶어하지 않는 일을 했어. 남이 무어라고 하든 신경 쓰지 않고 오직 마을을 위해 보탬이 되고자 했던 거야. 자네가 그루터기를 뽑아준 덕에 거추장스러운 것이 사라져 우리의 일이 한결 수월해졌다니까.

자네 같은 사람에게 보상을 주지 않고서는 앞으로 해야 할 일을 도저히 수행하지 못할 거야. 자네의 성실함에 대한 하늘로부터의 포상이야. 감사한 마음으로 받아서 노후의 안락한 생활에 보탬이 되도록 하게나. 자네와 같은 성실한 인간을 만나게 되어 나도 아주 기쁘군 그래."

사내는 어린아이처럼 눈물을 흘렸다. 마을사람들도 다

들 감격했다. 숨겨진 덕행을 밝혀내는 하느님과 다름없는 인간이 나타난 것이었다.

손토쿠에 반대하는 의견도 적지 않았다. 그러나 그는 인술로 이를 제거했다. 오다와라 영주가 동료로서 함께 지내라면서 손수 파견한 인물을 손토쿠는 3년을 참고 고생한 끝에 군말 없이 자신을 따르도록 만들었다.

마을에 아무도 어쩌지 못하는 한 명의 게으름뱅이가 있었다. 그는 손토쿠가 어떤 계획을 밝히건 무조건 드세게 반발했다. 그 사내의 집은 낡아서 쓰러지기 직전이었다. 사내는 자신이 가난한 것은 손토쿠의 새로운 행정이 실패했음을 드러내는 분명한 증거라며 떠들고 다녔다.

어느 날, 손토쿠의 부하가 이 사내 집의 변소를 빌린 적이 있었다. 오랫동안 수리를 하지 않고 방치해온 탓으로 변소는 냄새가 코를 찔렀고, 살짝 손을 댔을 뿐인데도 무너지고 말았다.

사내가 발광을 하고 나섰다. 조심하지 않은 잘못을 빌며 애원하는 손토쿠의 부하를 몽둥이로 두들겨 패면서 뒤쫓아왔다. 사내는 손토쿠의 집 앞에 서서 주위로 모여든 여러 군중들을 향해 고함을 질렀다. 자신이 입은 커다란 손해와, 지도자가 마을에 안정과 질서를 안겨줄 능력이 없다고 외쳤던 것이다.

손토쿠는 사내를 면전으로 불러 부하의 잘못을 정중하게 빌었다. 그리고는 "자네 집의 변소가 그토록 무너지기 쉬운 상태였다면 본채 쪽도 성할 리가 없을 거네"라고 말했다. 사내가 "가난해서 무슨 수로 집을 고치겠수"하고 퉁명스레 대꾸했다.

지도자가 상냥스러운 목소리로 "그럼 내가 수리해 주어도 상관없겠지?"하고 물었다. 깜짝 놀란 사내가 다소 겸연쩍은 표정을 지으며 대답했다. "그야 상관없지요. 그저 고마울 따름이외다."

우리의 지도자는 사내에게 즉시 집으로 돌아가 헌집을 허물고 새로운 집을 지을 수 있도록 땅을 고르라고 시켰다. 다음 날, 지도자의 부하가 새로운 집을 지을 자재를 마련하여 나타났다. 그래서 몇 주만에 근처에서 가장 돋보이는 훌륭한 집이 완성되었다.

변소도 살짝 건드린다고 해서 무너지지는 않도록 다시 세웠다. 이로써 마을에서 가장 골치를 썩이던 사내도 드디어 항복하고 말았다. 사내는 그 이후 누구보다 지도자에게 충실한 인간으로 변했다. 훗날 사내는 당시 느낀 '진짜로 창피했던 속마음'을 이야기할라치면 항상 눈물부터 먼저 흘리곤 했다.

어느 날 마을 사람들 사이에 불만이 고조되어 인술만 가지고는 도저히 수습하지 못할 사태가 생겨났다. 우리의 지도자는 그 책임이 자신에게 있다고 보았다. "하늘이 이런 수단으로 내 성의가 모자람을 벌하는 것이야" 하고 혼잣말을 중얼거렸다.

어느 날 손토쿠가 갑자기 사람들 앞에서 자취를 감췄다. 사람들은 다들 그가 어디로 갔는지 찾아 나섰다. 며칠이 지나 그가 멀리 떨어진 절로 가서 밤낮으로 기도를 올리고 있다는 사실이 밝혀졌다. 사실은 마을사람들을 이끌어 가기 위해 필요한 '성의誠意'를 얻느라 21일 간의 단식 기도를 하고 있었던 것이다.

손토쿠를 빨리 귀환시키기 위해 사람이 파견되었다. 그가 없음으로 해서 마을사람들 사이에 혼란이 빚어지고, 그가 없이는 아무 것도 할 수 없다는 사실이 판명났기 때문이었다. 단식 기간이 끝나자 손토쿠는 가벼운 식사로 체력을 가다듬었다.

그는 "3주일에 걸친 단식이 끝난 이튿날, 마을사람들이 잘못을 뉘우치고 있다는 말을 듣고 너무나 기쁜 나머지 25마일의 길을 걸어서 돌아왔다"고 한다. 이 인물은 체력이 상당했음에 분명하다.

몇 해 동안의 부단한 노력과 검약, 특히 인술에 의해 황무지는 거의 사라지고 간신히 생산력이 회복되기 시작했다. 지도자는 다른 지방사람들을 불러들여 살도록 하면서 토박이 마을사람보다 더 배려해주었다.

손토쿠에게는 어느 지역이건 단순하게 땅을 다시 비옥하게 만드는 것만이 완전한 부흥은 아니었다. '모자랄 때를 대비한 10년 치의 비축'을 필요로 했다. 손토쿠는 '9년 치의 비축 밖에 없으면 위험하다' '3년 치의 비축도 없다면 이미 끝장난 것이나 다름없다'는 중국 성현의 말*을 그대로 좇았던 것이다. 우리 농민 성자의 관점에서 보자면 현재 당당하게 존재하는 각 영지들이 어느 곳 하나 가릴 것 없이 죄다 '이미 끝장 난' 꼴이었다.

그러나 미처 다 비축하기 전에 기근이 닥쳤다. 1833년은 일본의 동북지방 전 지역을 커다란 재난이 휩쓴 해였다. 손토쿠는 여름날 가지의 맛을 본 뒤 그 해의 흉작을 예언했다. 가을 가지와 같은 맛이 강했던지라 분명히 태양이 이미 올해의 빛을 다 쓰고 말았다는 증거라고 단정했다.

---

*《예기(禮記)》에 나오는 말.

그는 즉시 그 해의 쌀 부족을 메우기 위해 한 가구에 1단의 비율로 피를 심도록 마을사람들에게 지시를 내렸다. 사람들은 순순히 그의 명에 따랐다.

이듬해, 인근의 다른 지역은 모조리 처참한 기근에 시달렸음에도 불구하고 손토쿠가 이끄는 세 마을에서는 단 한 집도 식량 부족에 허덕이는 곳이 없었다. 성실한 사람은 미리 앞날을 내다볼 줄 안다고 하듯이 우리의 지도자는 예언자이기도 했던 것이다.

약속한 10년이 지나자 전국에서 가장 가난했던 마을이 가장 정돈되고, 가장 기름진 땅으로 둔갑했다. 자연의 생산력에 관해서는 일본에서 가장 뛰어난 곳으로 꼽혔음은 물론이다. 당연히 예전에 번영을 구가하던 시절처럼 쌀 수확도 4천 섬을 헤아리게 되었다.

뿐만 아니라 몇 해에 걸친 기근에 대비하여 각종 곡물로 가득 찬 창고를 몇 개씩이나 소유하기에 이르렀다. 기왕 말이 나온 김에 덧붙이자면, 지도자 자신도 수천 냥의 저금을 할 수 있었다. 그것으로 훗날 마음껏 남을 돕는데 사용하게 된다.

손토쿠의 명성은 먼 곳으로까지 퍼져 나갔다. 각 지역의 영주들이 자신들의 영지 내에 있는 빈한한 마을을 부흥시키기 위한 조언을 듣고자 보낸 사람들이 꼬리를 물었다.

오직 성실 하나만으로 이토록 훌륭한 성과를 이룩했다는 이야기를 나는 이제까지 단 한 번도 들은 적이 없다.

제 아무리 보잘것없고 변변찮은 인간이더라도 '하늘天'을 따르기만 하면 이처럼 대사업을 이룰 수 있는 것이다. 손토쿠는 최초로 맡았던 공공사업에서 도덕면을 중시했다. 그것은 나태한 풍조가 만연하던 당시의 사회에 강렬한 인상을 던져주었다.

4- 개인적인 원조

손토쿠가 행한 다른 공공사업을 이야기하기 전에, 그가 자신의 주위에 있는 어려운 사람들을 어떻게 도왔는지 먼저 알아보기로 한다. 손토쿠 자신도 혼자 힘으로 지위에 오른 사람이었으므로 근면과 성실로 독립과 자존自尊에 이르지 못할 리가 없다는 신념을 품고 있었다.

천지는 끊임없이 활동하고 있으며, 우리를 에워싼 만물의 성장 발전에는 멈춤이 없다. 이 영원한 성장 발전법에 따라 쉬지 않고 노력한다면 빈곤은 원해도 찾아오지 않는다.

손토쿠는 빈곤에 시달리는 농민들을 향해 이렇게 외쳤다. 농민들이 영주의 악정에 불평을 터트리며 조상 대대로 살아온 고향을 등지고자 손토쿠를 찾아와 지도와 조언을 구했을 때의 일이다. 그는 이렇게 말했다.

"그대들에게 곡괭이 한 자루씩을 주겠다. 내 방법대로 어김없이 실행한다면 황무지를 천국으로 바꿔줄 것을 약속한다. 다른 지방에 가서 운을 걸 필요가 없다. 빚을 몽땅 갚고, 다시 풍요로운 생활을 즐길 수 있으리라."

사람들은 그 말을 좇아 곡괭이 한 자루씩을 농민 성자로부터 받아들고 열심히 일했다. 그렇게 해서 몇 년 뒤에는 이전에 잃었던 모든 것을 되찾았을 뿐 아니라 남아돌 지경이 되었다. 마을사람들의 신뢰를 완전히 잃은 이장里長이 손토쿠의 지혜를 빌리고자 찾아왔다. 우리의 성자가 들려준 대답은 의외로 여겨질 만큼 간단했다.

"너무 자신만 챙기는 탓이야. 이기심은 짐승들의 것이다. 이기적인 인간은 짐승들과 마찬가지란 뜻이지. 마을사람들을 감화시킬 작정이라면 가진 것을 모조리 마을사람들에게 주는 수밖에 없어."

"그러려면 어떻게 하는 게 좋을까요?" 하고 이장이 묻자 손토쿠는 이렇게 답하는 것이었다.

"소유하고 있는 땅, 가옥, 의류 등 전 재산을 팔아서 마련한 돈을 남김없이 마을 재산으로 내놓고, 앞으로의 일생을 마을사람들을 위해 바치면 될 것이야."

이토록 극단적인 방법이라면 예사 사람들은 좀처럼 응하지 못한다. 이장 역시 며칠 간의 유예를 달라고 했다. 그러더니 그는 자신이 치러야할 희생이 지나치게 크다는 결론을 내렸다. 손토쿠가 다시 말했다.

"설마 자네 가족이 굶주리게 될까봐 걱정하는 건 아니리라. 그렇다면 자네는 스스로의 할 일을 똑바로 하고 있음에도 지도를 맡은 내가 내 할 일을 잘못한다고 생각한단 말인가?"

이장은 돌아갔다. 그리고는 손토쿠가 가르쳐준 대로 실행에 옮겼다. 그러자 그의 영향력과 성망聲望이 즉시 회복되었다. 초기의 부족분은 존경하는 스승 손토쿠가 자신의 창고에서 조달해 주었다. 얼마지 않아 마을 전체가 이장을 지원하고 나섰다. 이장은 짧은 시간 내에 예전보다 형편이 훨씬 유복해졌다.

후지사와藤澤 지방에서 쌀가게를 하는 사람이 있었다. 그는 흉년이 들면 곡물을 비싸게 팔아 상당한 재산을 모았다. 그러나 가족이 잇달아 불행한 일을 당하여 파산 직전의 위기에 빠졌다. 마침 그 친척 중 한 사람이 손토쿠의 절친한 친구였던지라 잃어버린 재산을 다시 모으기 위해 손토쿠의 지혜를 빌리러 왔다. 손토쿠로서는 개인적인 이익을 바라는 사람의 상담은 언제나 썩 기분이 내키지 않았다. 하지만 어찌나 집요하게 매달리는지 도리 없이 만나주기로 했다.

손토쿠가 쌀가게 주인의 도덕상의 진찰을 시도해본 결과 즉각 불행의 원인이 어디에 있는지 판명되었다. 손토쿠가 말했다.

"방법은 단 한 가지, 지금 남아 있는 재산을 전부 사람들에게 나눠준 다음 맨몸으로 처음부터 다시 시작하면 된다."

손토쿠의 눈으로는 악랄한 수단으로 번 재산은 참된 재산이 아니었다. 자연의 올바른 법칙에 의거하여 자연이 직접 내려준 것만이 진짜 자신의 것이라 할 수 있었다. 그 사내의 재산은 본래 자신의 것이 아니었으므로 잃어버렸을 따름이었다. 아직 남아 있는 재산도 마찬가지로 더러운 재산이므로 붙잡을 길이 없었다.

그런 과격한 개혁에 탐욕스런 마음이 따르도록 하기까지에는 고통스러운 오랜 싸움이 동반되지 않을 리 없었다. 그러나 우리의 도덕적인 의사는 높은 평판을 겸비하고 있었다. 그런 의사가 내린 처방전의 효험을 의심하는 인간은 없었다. 손토쿠의 권고는 놀랍게도, 아니 경천동지라고 표현하는 것이 적당하게도, 곧 실행에 옮겨졌다.

쌀가게 주인은 남아 있던 700냥(약 3,500달러)에 달하는 재산을 몽땅 마을사람들에게 나눠주었다. 자신은 어린 시절부터 익숙한, 맨손으로도 가능한 단 하나의 일인 뱃사공으로 돌아갔다. 그 사내가 내린 결단이 본인은 물론이거니와 마을사람 전체에게 미친 도덕적 영향이 어떠했는지는 쉽사리 상상이 간다.

사내의 탐욕이 몰고 온 사람들의 원한은 즉시 말끔히 사라졌다. 사내의 불행에 박수를 치던 사람들도 이제는 그를 도우러 달려오게 되었고, 뱃사공 노릇도 지극히 짧은 시간 내에 막을 내렸다.

운명의 여신은 이번에는 온 마을사람들의 호의와 더불어 그 사내의 머리 위에서 미소를 지었다. 이후 그의 쌀가게는 예전보다 훨씬 더 번창했다고 한다. 하지만 유감스럽게도 나이를 먹어감에 따라 사내에게 다시금 탐욕이 되살아나는 바람에 말년을 가난뱅이로 보내야 했던 것으로 전해진다. 공자의 가르침에 '화복禍福은 제 발로 찾아오지 않는다. 인간이 먼저 불러들인다'고 하지 않았던가.

우리의 선생님은 쉬 다가갈 수 있는 분은 아니었다. 처음으로 만나는 사람은 신분에 상관없이 판에 박은 동양 스타일의 변명인 '너무 바빠서'라는 핑계로 문전박대 당하기 일쑤였다. 거기에 지지 않는 사람만이 이야기를 나눌 수 있었다. 내방자의 인내심이 모자라면 항상 "내가 도울 시기가 아직 되지 않은 모양이야"라며 우리의 스승은 웃었다.

어느 날, 한 사람의 승려가 자신의 절에 시주하는 사람을 돕기 위한 조언을 얻으려 먼 곳에서 걸어서 찾아왔다. 면회는 쌀쌀맞게 거절당했다. 그러자 인내심 강한 승려는 문 앞의 땅바닥에 옷을 벗어 깔아놓고 앉아 사흘 밤낮을 버텼다. 어려움을 참고 불굴의 정신을 드러내면 만나줄 게 틀림없다고 믿었기 때문이다.

그렇지만 손토쿠는 강아지와 같은 거지 땡초가 대문 앞에 앉아 있다는 소리를 듣자 불같이 화를 냈다. 그는 승려를 즉시 쫓아버리라고 지시하면서 "사람들의 영혼을 위해 기도하거나 단식하라"는 말을 덧붙였다.

그런 쌀쌀맞은 대접이 몇 차례 되풀이되었다. 결국 승려는 손토쿠의 신뢰를 얻어 집안으로 맞아들여졌다. 훗날 그 승려는 언제든지 자유롭게 손토쿠로부터 돈과 지혜를 빌릴 수 있는 절친한 사이가 되었다.

손토쿠와 친해지기 위해서는 항상 어마어마한 노력이 들었다. 하지만 일단 친해지기만 하면 그토록 단단하고 오래 가는 것도 없었다. 불성실하고 진지하지 못한 인간은 상대해주지 않았다. 그런 인간은 '하늘'이나 천리天理에 어긋났기 때문이다.

아무리 손토쿠의 힘을 빌거나 다른 사람의 도움을 받아 보았자, 그런 자가 빠져 있는 불행이나 타락에서 구해낼 수는 없었다. 그런 사람들에게는 우선 천지의 이치와 화합시킨다. 그런 뒤, 인간이 할 수 있는 필요 불가결한 원조라면 무엇이건 제공했다.

> 오이를 심었는데 오이가 아닌 다른 것을 수확할 꿈도 꾸지 말라. 인간은 자신이 뿌린 씨대로 거두는 법이다.

> 성실해야 비로소 화를 복으로 바꿀 수 있다. 술책은 통하지 않는다.

> 한 사람의 마음은 대 우주에서야 필시 조그만 존재에 지나지 않으리라. 그렇지만 그 사람이 성실하기만 하면 천지를 움직일 수 있다.

꼭 해야할 일이라면 결과를 가리지 말고 하지 않으면
안 된다.

이런 말들을 하거나, 혹은 이와 유사한 여러 교훈을 들려주면서 손토쿠는 자신에게 지도와 구제를 얻으려 찾아오는 수많은 고통 받는 사람들을 도와주었다.

그렇게 해서 손토쿠는 자연과 인간의 사이에 서서 도덕적인 나태에서 자연이 아낌없이 주는 것을 받을 권리조차 포기한 사람들을 자연 쪽으로 되돌려 세워주었다.

우리와 동류이자 똑같은 피를 나눈 이 인물의 복음에 비교하자면, 근래 일본에 범람하고 있는 서양의 지식이란 대관절 무엇이란 말인가!

5- 공공사업 일반

손토쿠의 신념에 따라 황폐한 세 마을의 부흥은 이뤄졌다. 그의 평판이 누구도 의심하지 못할 지경으로 확실해지자 전국의 수많은 영주들로부터 끊임없이 시달림을 당하게 되었다. 손토쿠는 예의 무뚝뚝한 응대로 그들의 부탁을 물리쳤지만, 그의 신념 테스트를 통과하는 사람도 적지 않았다. 그들은 모두 손토쿠로부터 진지한 의논과 실질적인 지원을 받았다.

손토쿠는 평생 동안 광대한 영지를 소유한 10명의 영주들이 황폐된 그들의 영지를 개량할 수 있도록 도와주었다. 그 외에도 그의 도움을 받은 마을의 수효는 이루 다 헤아릴 수조차 없었다. 만년이 되자 손토쿠는 막부에까지 중용되어 국가를 위한 중요한 공헌을 하기도 했다.

그러나 손토쿠의 사명은 원래 서민들을 위한 것이었던지라 특권 계층의 공적, 사교적 습관에 얽매이기를 꺼려했다. 자신과 마찬가지로 가난한 노동자들과 어울릴 때가 가장 만족스럽게 비쳤다. 그렇지만 비천한 집안 출신에다 교양도 모자라는 소농小農인 손토쿠가 상류계급 사람들과 교유하면서 진짜 귀인貴人처럼 행동한 것은 불가사의한 일이 아닐 수 없었다.

손토쿠의 주군인 오다와라 영주는 당연히 손토쿠로부터 큰 은혜를 입었다. 드넓은 그의 영지를 손토쿠가 관장했고, 그 가운데 여러 황무지가 그의 쉴 틈 없는 근면과, 변함 없는 인술에 의해 옥토로 바뀌었다. 그가 오다와라의 백성들에게 안겨준 가장 두드러진 최대의 공적 가운데 하나는 1836년의 대기근에 즈음하여 나타났다.

수천 명의 백성이 아사 직전에 놓였을 때 손토쿠는 당시 에도에 머물고 있던 영주로부터 신속하게 대처하라는 위임을 받았다.

에도를 떠난 손토쿠는 이틀이 걸려 영지로 직행한 뒤, 관리들에게 굶주린 백성들을 구제하기 위해 관아의 창고 열쇠를 내놓으라고 요구했다. 하지만 "영주님이 친필로 쓴 명령서가 없어서는 곤란하다"며 관리가 거절하자 손토쿠가 이렇게 말했다.

"좋아요. 그 대신 지금부터 영주님의 친필 허가서가 도착할 때까지 수많은 굶주린 백성들이 아사하고 말 것이오. 백성을 충실하게 보호해야 할 우리들인 만큼 허가서를 지닌 사람이 돌아올 때까지 우리 역시 단식을 하면서 기다려야 옳을 것이다. 그렇게 함으로써 백성들의 고통을 조금이나마 깨달을 수 있겠지요."

관리들로서는 에도로 가서 허가서를 받아올 나흘 동안을 단식한다는 것은 끔찍한 일이 아닐 수 없었다. 그들은 즉시 열쇠를 손토쿠에게 넘겼고, 굶주린 백성에게는 곧 식량이 나누어졌다.

어느 시대, 어느 곳에서건 굶주림에 허덕이는 백성들이 관아로 몰려올 경우에는, 백성을 지킬 책임을 지닌 자라면 누구라도 우리의 도덕적 스승의 제안을 부디 가슴 깊이 새겨주었으면 좋겠다.

관청의 일이라는 것이 아무 짝에 쓸데없는 절차를 거치지 않으면 안 되게 되어 있는지라 그 사이에 고통 받는 사람들에 대한 구제의 손길이 늦어지고 마는 법이다.

손토쿠가 '묘안이 없을 때의 기근 구제법'이라는 유명한 강론을 행한 것은 이 무렵이었다. 주된 청강생은 영주로부터 행정 책임을 위임받은 가신들이었다. 이 강론에는 강사의 특징이 잘 반영되어 있으므로 그 일부를 여기 소개하기로 한다.

기근이 닥쳐 창고는 텅 비고, 백성들은 먹을 게 없습니다. 그 책임은 통치자가 아니면 누가 지겠습니까? 통치자는 천민天民을 위탁받은 셈입니다. 백성을 선으로 이끌고 악을 멀리하게 하며, 안심하고 생활할 수 있도록 하는 것이 주어진 사명이 아니겠습니까?

그런 직무의 보수로서 고록高祿을 받고 자신의 가족을 부양하며, 한 집안이 편안하게 지낼 수 있는 것입니다. 그런데 지금은 백성이 기근에 허덕이고 있음에도 자신들에게는 책임이 없다고 발뺌을 합니다. 여러분, 이토록 한탄스러운 일이 도대체 천하에 어디 있겠습니까?

그런 시절을 당하여 좋은 구제책을 마련할 수 있다면 더할 나위가 없겠지요. 만약 그렇지 못할 경우에는 통치자가 하늘에 지은 자신의 죄를 인정하여 스스로 식음을 끊고 죽어야 마땅합니다. 통치자 아래에 있는 관리들도 모조리 그 뒤를 따라야 옳습니다. 그들 역시 직무를 게을

리 하여 백성들에게 죽음과 고통을 안겨주었기 때문입니다. 이와 같은 희생이 몰고 올 도덕적 영향은 즉시 드러날 것입니다.

'본시 아무 책임이 없는데도 높은 양반들이 우리가 곤궁해진 탓에 책임을 졌단다. 우리를 굶주리게 하는 이 기근은 풍족할 때 아껴두지 않고 허세를 부리고 낭비한 탓이다. 훌륭한 관리들을 처참한 죽음으로 몰아넣는 것은 우리 잘못이다. 우리가 굶어죽는 것은 당연한 일이다.'

이렇게 해서 기아에 대한 두려움도, 아사에 대한 공포도 사라질 것입니다. 마음이 차분해져 공포는 사라졌고, 충분한 식량 공급도 머지 않았습니다. 부자는 가난한 자와 자신의 몫을 나누고, 산으로 올라가 나뭇잎이나 뿌리를 가져와 식량으로 삼게 되겠지요.

단 한 해의 기근으로는 관아에서 보유한 양곡이 몽땅 없어질 염려를 할 필요가 없습니다. 산과 들에는 먹을 수 있는 식물도 있답니다.

기근이 드는 까닭은 백성들 마음이 공포에 사로잡히는 탓입니다. 그것이 먹거리를 구하려는 기력을 빼앗아 죽음을 초래합니다. 총알이 들어있지 않은 총으로도 쏘는 시늉만으로 겁쟁이 새를 떨어뜨릴 수 있는 것처럼, 식량이 부족한 해에는 기아라는 말만 듣고도 놀라 죽는 수가 생깁니다.

따라서 우선 다스리는 사람들이 앞장서서 아사한다면 기아의 공포가 사람들 마음에서 사라집니다. 그리고 만족을 느껴 구제 받을 수 있을 것입니다.

고위 관리의 죽음만으로 충분합니다. 중하위 관리들까지 희생당하지 않고도 좋은 결과가 나타납니다. 여러분, 이것이 속수무책일 때 굶주린 백성을 구하는 방법인 것입니다.

강론이 끝났다. 고위 관리는 부끄러움에 어쩔 줄 몰라 긴 침묵을 지킨 다음에야 "귀하의 말에 이의가 없다"고 답했다. 손토쿠의 통렬한 이야기는 진지하기 짝이 없었으되 실행을 기대하지 않았음은 두말 할 나위가 없다.

구제는 올곧게 수행되었다. 올곧다는 것은 즉단卽斷이나 근면, 고통받는 사람들에게 보내는 깊은 동정, 자연과 자연의 풍요로운 이치에 대한 신뢰와 마찬가지로 손토쿠가 벌이는 일에는 항상 나타나는 특징이었다. 궁핍한 농민에게 5년 이내에 곡물로 분할 상환한다는 약속 아래 곡물과 금전을 빌려 주었다.

약속은 충실하게 지켜져 4만 390명에 달하는 대출 백성 가운데 단 한 명도 약속 기간을 어긴 사람은 나오지 않았다. 이것은 구제를 제공하는 측의 깊은 신뢰와 더불어 구제받은 농민 측의 순진한 마음이 있었기 때문이다. 이런 사실을 잊어서는 안 된다.

자연과 걸음을 맞추는 사람은 서두르지 않는다. 일시적으로 난국을 모면하느라 서둘러 계획을 세우고 일을 벌이지도 않는다. 말하자면 자연의 흐름 속에 스스로를 두고, 그 흐름을 돕는다.

그렇게 함으로써 자기 자신도 앞으로 나아갈 수 있는 것이다. 대우주가 든든한 후원자이니까 일이 엄청나도 놀라지 않는다. 만물에는 자연의 길이 있다는 것이 손토쿠의 입버릇이었다.

> 자연의 길을 찾아내어 거기에 따르지 않으면 안 된다. 그렇게 하면 산이 평평해지고, 바다에서 물이 빠지며 대지는 우리의 목적에 보탬을 준다.

언젠가 막부로부터 도네가와利根川 하류에 있는 거대한 습지의 배수에 필요한 계획을 세워 보고하라는 명이 떨어진 적이 있었다. 만일 그 계획이 실현된다면 미에三重 지방에 어마어마한 공익을 안겨주는 것이었다.

다시 말해 수심이 얕아 유독 물질로 들어찬 바다를 몇천 정보나 되는 비옥한 땅으로 바꾸는 대 프로젝트였다. 뿐만 아니라 홍수로 넘치는 물을 빼내어 해마다 이 지방이 입는 큰 피해를 막고, 도네가와와 에도만江戶灣 사이에 새롭게 짧은 수로를 만드는 일이었다.

이 계획은 그 동안 여러 차례 시도되었으나 시작 직전 단계에서 단념하지 않을 수 없었다. 누구도 감히 장담하고 나서지 못한 거대한 계획은 결국 이 사업을 완성시킬 수 있는 큰 인물의 출현을 목을 빼고 기다리는 상황이었다.

여기에 대한 손토쿠의 보고는 여간 이해하기 어렵지 않았다. 그렇지만 비슷한 규모의 여러 토목 기술 사업이 실패한 급소를 찌르고 있었다.

보고서에는 '될지 모른다. 그러나 안될 지도 모른다'면서 이렇게 적혀 있었다.

자연을 거스르지 않는 오직 하나의 길을 택하여 거기에 따르면 될 것입니다.
하지만 인간의 본성은 대체적으로 그 길을 따르기 싫어

하므로 그럴 경우에는 안 되겠지요. 나는 운하를 파야 할 지역 백성의 타락을 알고 있습니다.

우선 인술로 그 정신을 바로잡아야 합니다. 그것이 일에 착수하기 전의 준비로서는 최초로 필요한 조치입니다. 그와 같은 백성에게 돈을 낭비한다면 돈 들여 행하는 실제 일의 양은 물론이거니와, 백성들에게도 악영향을 미치지 않을 도리가 없습니다.

그러나 조사에 의하자면 이 사업은 돈과 힘을 다 들이더라도 거의 기대하기 어려운 성격입니다. 강한 보은의 심정으로 움직이고, 생각을 함께 하는 사람들이 모여야 비로소 가능한 일입니다.

게다가 당장은 인술을 써서 홀아비와 과부를 위로하고, 고아를 보호하며, 도덕을 모르는 백성을 도덕적인 백성으로 바꿀 필요가 있습니다.

일단 사람들이 성실한 태도를 되찾기만 한다면, 그 다음은 산을 뚫고 바위를 깨트리는 것이야 마음먹은 대로 될 것입니다.

설사 돌아가는 길처럼 비치더라도 그것이 가장 빠르고 가장 효과적인 길입니다. 식물의 뿌리에는 꽃과 열매가 죄다 함유되어 있지 않습니까? 맨 처음에 도덕이 있으며 사업은 그 뒤에 있는 것입니다. 후자를 전자 앞에 세워서는 안됩니다.

오늘날의 독자들은 이와 같은 비현실적인 계획을 받아들이지 않은 당국에 도리어 공감하는 사람이 많으리라. 그러나 '파나마 의혹사건'*을 보고 그 거대 사업이 실패한 주된 원인이 도덕면에 있지 재정면은 아니라는 사실을 의심하는 사람이 있을까? 돈으로 많은 것이 가능해지지만, 도덕은 그것을 훨씬 뛰어넘는 일을 가능하게 해준다.

운하 건설 계획을 세우는데 도덕적 요인을 들먹이는 인물, 그 인물이야말로 결국은 훨씬 실제적인 인물이 되는 법이다.

손토쿠가 일생을 통해 손댄 토지의 지리적 면적은 결코 광대하다고 말하지 못한다. 그러나 엄격한 신분 차별이 있었던 시절에, 손토쿠와 같은 사회적 지위에 있었던 인간으로서는 상당한 것이었다.

그 모든 사업 중에 가장 현저한 사업은 오늘날 이와키磐城 지방에 있는 소마相馬의 부흥이었다. 그곳은 230개 마을로

---

*1892년에 폭로된 프랑스 정치가와 파나마 운하 회사의 뇌물 수수 사건.

이뤄졌으며, 본래 한촌이라고는 부르기 힘든 곳이었다.

그래도 결코 넉넉하지 않았으나 지금은 일본 내에서 가장 풍요로운 고장의 하나가 되었다.

어떤 사업이건 손토쿠가 일에 덤벼드는 방법은 아주 단순했다. 그는 우선 그 지방을 대표하는 마을, 대개 가장 못사는 마을이었지만, 거기에 자신의 모든 세력을 집중했다. 온힘을 쏟아 그 마을을 자신의 방식대로 따르게 만들었다.

이것이 일을 하는 과정에서 항상 가장 어려운 부분이었다.

그 마을이 먼저 구제되면 그곳을 다른 모든 마을의 회심回心을 일으키는 기지로 삼았다. 일종의 전도傳道 정신을 농민 개종자 사이에 일으켜서 자신들이 손토쿠의 도움을 받은 것처럼 이웃마을을 돕도록 했다.

놀랄만한 실제 사례를 눈앞에 보여주고, 새롭게 부흥한 사람들이 아낌없이 제공하는 원조를 받도록 하는 것이다. 이렇게 해서 다른 모든 마을에서도 똑같은 방법이 적용됨으로써 회심은 전파傳播의 단순한 법칙에 따라 나아간다.

한 마을을 구할 수 있는 방법으로 전국을 구할 수 있다.

> 그 원리는 마찬가지다.

손토쿠가 자신에게 질문을 던지는 사람들에게 들려주는 틀에 박힌 문구이다.

> 당면한 하나의 일에 온 힘을 다 쏟는 게 낫다. 그것이 언젠가 전국을 구하는데 도움을 줄 것이기 때문이다.

이것은 닛꼬日光 지방의 황폐한 마을을 부흥시킬 계획을 세우고 있을 때 제자들에게 들려준 말이다. 이 인물은 자신이 영원한 우주의 법칙을 체득하고 있음을 알고 있었다. 손토쿠가 시도하기에 힘든 일은 없었다.

또한 쉬운 일도 없었다. 그는 다만 몸과 마음을 다 바쳤을 따름이다.

물론 손토쿠는 마지막 순간까지 일에 매달린 사람이었다. 그는 먼 장래를 내다보고 일을 했던지라 그 영향이 오늘날에도 여전히 우리들 사이에 살아 있는 것이다.

손토쿠의 손으로 부흥된 여러 마을의 밝은 모습은 그의 지혜와 그 계획의 영원성을 입증해준다.

한편 일본 각지에서 손토쿠의 이름과 가르침으로 결성

된 농민단체*가 있어서 무기력한 노동자들에게 손토쿠가 가르친 정신을 영원히 전하고 있다.

---

*보덕사 (報德社)라는 이름의 단체를 가리킴.

에도시대 초기의 유학자.
일본 양명학의 시조로 일컬어진다.

어린 시절부터 독서를 즐겨 독학으로
《사서대전(四書大全)》을 연구했고 주자학에 정통했다.
집안에 커다란 등나무가 있어서
도쥬(藤樹)란 이름을 지었다.

신분 차이를 넘어선 인간의 내면적 평등성을 강조함으로써 농민들로부터 성인(聖人)으로 추앙 받았다.
《효경계몽(孝敬啓蒙)》《옹문답(翁問答)》등
여러 저서를 남겼다.

나카에 도쥬 中江藤樹

(1608~1648년)

1- 일본의 옛 교육

"우리 서양인이 여러분을 구제하러 오기 전까지 여러분은 일본에서 어떤 식의 학교 교육을 받았나요? 그대들 일본인은 이교도異教徒 치고는 아주 현명한 국민으로 여겨집니다. 그 같은 여러분이 있기 위해서는 필경 도덕적이고 지적인 교육을 받아왔음에 틀림없어요."

우리가 모국을 떠나 서양의 문명인들 사이에 섞이게 되자 수시로 이런 질문을 받곤 했다. 그에 대해 우리는 대략 다음과 같이 대답해 왔다.

"그래요. 우리에게는 학교 교육이 있었지요. 그것도 꽤 수준 높은 교육이었답니다. 우리는 '십계+戒' 가운데 적어도 '8계'는 어머니 무릎에 있는 동안 아버지로부터 배웠지요. 힘은 정의가 아니라는 사실, 천지는 이기주의에 바탕을 두고 이뤄지지 않았다는 사실, 도둑질은 그게 무엇이든 옳지 않다는 사실, 생명이나 재산은 결국에는 우리의 최종 목표가 아니라는 사실 등등 여러 가지를 배웠습니다.

학교도 있고, 선생도 있었지요. 하지만 그것은 여러분이 사는 위대한 서양에 있으며, 오늘날 우리나라에서도 모방하고 있는 그 같은 학교 교육과는 전혀 다른 것이었습니다. 우선 첫째로 우리는 결코 학교를 지적 수련을 매매하는 곳으로는 여기지 않았습니다. 수련을 쌓으면 생활비를 벌 수 있다는 목적으로 학교에 다닌 것이 아니라, 참된 인간이 되기 위해서였답니다. 우리는 그것을 참된 인간, 군자君子라고 칭했지요. 영어에서 말하는 젠틀맨에 가깝다고나 할까요.

나아가 우리는 다른 여러 과목을 동시에 배우지는 않았습니다. 우리의 두뇌는 고작 2엽葉으로 이뤄졌지 많이 있는 것은 아닙니다. 예전의 스승들은 짧은 세월에 모든 지식을 쑤셔 넣어서는 안 된다고 판단했습니다. 그것은 참으로 현명한 처사로 여겨집니다. 그것이 우리가 받은 옛 교육제도의 뛰어난 특징의 하나였어요.

'역사' '시詩' '예의 범절'도 웬만큼 배웠지만, 주된 가르침은 '도덕', 그것도 실천 도덕이었지요. 관념적 혹은 신지학적神智學的, 신학적인 도덕은 우리의 학교에서는 절대로 강요되지 않았습니다.

우리나라의 불교학자들은 분명히 산 속 바위동굴에 틀어박혀 전설상의 거북이 등에 몇 올의 털이 나 있었다느니 하는 시시콜콜하기 짝이 없는 것을 논하고 있었습니다. 그렇지만 하계下界의 평야에 살면서 인간의 실제 문제와 부딪치지 않을 수 없었던 우리는 번거롭게 그런 문제에 얽매일 필요가 없었습니다.

한마디로 말하자면 우리의 학교에서는 결코 신학은 가르치지 않았던 것입니다. 그것을 배우고 싶으면 절寺을 찾아가야 했습니다. 학교에서는 다른 나라에서 곧잘 눈에 뜨이는 교파로 인한 다툼이 없었습니다. 이 또한 우리의 옛 교육제도가 지녔던 또 다른 좋은 특징의 하나였지요.

게다가 우리는 클래스를 나누어 배우지도 않았습니다. 혼을 가진 인간을 오스트레일리아의 목장에 있는 양떼처럼 클래스로 나누는 일은 예전의 학교에서는 없었습니다. 내 생각으로는 당시의 스승들은 이렇게 믿었던 것 같습니다.

즉 인간은 분류하여 편을 가를 수 없다, 한 사람 한 사람, 다시 말해 얼굴과 얼굴, 혼과 혼을 합쳐서 다루지 않으면 안 된다고 말입니다. 그랬기에 스승은 우리 한 사람, 한 사람을 저마다 지닌 육체적, 지적, 영적인 특성에 따라 가르쳤던 것입니다.

스승은 우리의 이름을 일일이 파악하고 있었습니다. 당나귀와 말에 결코 똑같은 마구馬具를 씌우지 않았습니다. 그런지라 당나귀가 얻어맞아 멍청해질 염려도 없었거니와, 말을 혹사한 나머지 수재秀才가 제 명에 죽지 못할 걱정도 없었던 것입니다. 현대에 등장한 적자생존의 원리에 의거한 교육제도는, 관대하고 사람을 사랑하는 군자를 길러내는 데는 걸맞지 않아 보입니다. 따라서 이 점에 관해서는 우리의 옛 스승이, 교육이론에서는 소크라테스나 플라톤과 생각이 같았던 셈입니다.

그러므로 당연히 스승과 제자의 관계가 매우 돈독했습니다. 스승을 감히 가까이 하기조차 어려운 명칭인 교수님이라고 부르지 않았습니다. 먼저 태어났음을 뜻하는 선생님이라고 불렀습니다. 이 세상에 태어난 시점에서 앞선-반드시 그렇지 않은 경우도 있지만-것일뿐더러, 진리를 먼저 이해했다는 점에서도 앞서 태어난 셈이기 때문입니다. 그 결과 선생님에게는 최고의 존경을 보냈습니다. 그것은 부모나 영주에 대한 존경과 하등 다를 바 없었답니다.

실로 선생님과 부모님과 주군은 깊이 존경해야할 대상의 3위1체를 이루고 있었습니다. 일본의 젊은이들에게 가장 괴로움을 안겨준 난문難問은 만약 이 세 사람이 동시에 물에 빠졌을 때, 자신에게는 한 사람밖에 구해낼 힘이 없을 경우에, 과연 누구를 맨 먼저 구할 것이냐 하는 문제였습니다.

따라서 제자가 스승을 위해 목숨을 던지는 행위는 최고의 미덕으로 쳤습니다. 그런데 현대의 교육제도 아래에서 교수를 위해 학생이 죽었다는 이야기를 들은 기억은 없습니다.

우리의 머리 속에는 이와 같은 스승과 제자의 관계가 있었으므로 기독교 성서에 나오는 사제師弟의 친밀한 관계를 즉시 알아차린 자도 있었던 것입니다. 성서에 제자는 스승을 넘어서지 않으며, 하인은 주인을 넘어서지 않고, 좋은 양치기는 양을 위해 생명을 버린다*-라고 적혀 있는 것을 보고, 우리는 거의 직관적으로 그쯤이야 아주 오랜 옛날부

---

*신약성서 요한복음 10장 11절.

터 알고 있었다고 여겼던 것입니다.

그와 더불어 스승이란 그저 교수일 뿐이고, 제자는 그저 학생일 뿐이라는 관념밖에 없는 기독교 신도가 우리에게 가르치고자 하는 성서의 가르침을 과연 이해하고 있기나 할까 하고 의아스럽게 여겼던 것입니다.

우리는 오래 된 것이 모든 면에서 새로운 것보다 뛰어나다고 말하지는 않습니다. 다만 오래 된 것이 반드시 몽땅 나쁘지는 않으며, 새로운 것이 반드시 몽땅 좋거나 완전한 것은 아니라고 말할 따름입니다. 새로운 것에는 아직 더 개량해야할 여지가 있으며, 오래 된 것에는 아직 재활용할 요소가 있는 것입니다. 또한 오래 된 것을 모조리 내버리고, 새로운 것을 죄다 받아들이라는 말을 납득하지 못합니다."

우리는 위와 같이 대답했다. 물론 앞으로도 똑같이 대답하게 될 것이다. 단지 이것은 그다지 환영받지 못했다. 즉 서양인들은 기대했던 것만큼 우리가 고분고분하지 않고, 배우지도 않으며, 시키는 대로 따르지 않는다고 여겼다.

그렇다면 더욱 더 우리의 '완고함' '비 수용성' '배타심'을 볼모로, 우리가 이상적인 학교 교사(선생님)로 존경하는 한 사람의 생애를 그려보기로 한다. 그렇게 함으로써 일본의 청소년 교육을 걱정하는 서양의 좋은 친구들에게 한두 가지 이해의 실마리를 제공할 수 있다면 다행이겠다.

2- 소년시절과 자각

　서기 1608년, 비와琵琶 호수 서쪽의 오우미近江에 일본 역사상 유례가 없을 듯한 덕이 높고 진보적인 사상가가 태어났다. 그가 태어난 곳 가까이에는 히라 산比良山이 완만하게 뻗어 있었다. 그로 인해 아래쪽 호수에 거울처럼 산 그림자를 드리우고 있었다. 세키가하라關が原 전투*가 벌어진 지 불과 8년 뒤, 오사카 성大阪城이 함락**되기 7년 전의 일이었다.

---

* 일본의 영주들이 동서로 나뉘어 벌인 1600년의 격전. 여기서 승리한 도쿠가와 이에야스가 일본을 통일하고 에도에 새로운 막부를 세운다.
** 도요토미 히데요시의 잔존 세력을 완전히 제거하기 위해 도쿠가와가 함락시켰다

그런지라 남자들의 주된 일은 여전히 전투였고, 여성들은 한숨과 슬픔으로 지내는 나날이 이어지고 있었다. 세상 사람들로서야 학문이나 사상을 구하는 일 따위는 아무런 가치조차 없는 것으로 여겨지던 시절이었다. 도쥬는 부모가 살던 오우미에서 멀리 떨어진 시코쿠四國에서 조부모의 손에 의해 자라났다.

어릴 때부터 또래의 아이들이나, 대개 무예를 배우고 있던 사무라이의 자제들 가운데에서도 도쥬는 일찌감치 놀랍도록 예민함을 드러내었다. 열한 살에 이미 공자의 《대학》을 통해 장래 자신의 모든 생애를 가름할 큰 뜻을 세웠다. 《대학》에는 이렇게 적혀 있었다.

천자天子로부터 서민에 이르기까지 인간은 올바른 삶을 사는 것을 첫째 목적으로 삼아야 한다.

도쥬는 이 대목을 읽고 "이런 책이 있었다니! 하늘에 감사 드린다." "성인聖人이 되지 못할 까닭이 무언가!"고 외쳤다. 도쥬는 울음을 터트렸다. 이 때의 감동을 그는 평생 잊지 않았다. 성인이 되다니 이 얼마나 큰 뜻大志이란 말인가!

그러나 이 소년은 그저 엎드려 빌고 안으로만 반성하는

선병질적인 겁쟁이가 아니었다. 어느 날 할아버지의 집에 난봉꾼이 들이닥친 적이 있었다. 도쥬는 칼을 손에 쥐고 난봉꾼을 향해 용감하게 돌진하여 순식간에 쫓아버렸다. 그리고는 아무 일도 없었다는 듯이 태연하게 시침을 떼고 있었다고 한다. 그의 나이 아직 열 세 살 적의 일이었다.

그 무렵 한시와 서예를 배우느라 천량天梁이란 이름의 학식 있는 승려에게 보내졌다. 이 조숙한 소년은 스승에게 많은 질문을 퍼부었다. 그 중에서도 다음 질문은 도쥬의 됨됨이를 잘 드러내고 있다.

> 부처님은 태어나서 한쪽 손으로 하늘을, 다른 쪽 손으로 땅을 가리키면서 천상천하 유아독존天上天下唯我獨尊이라 말씀하셨다고 들었습니다. 이런 오만한 인간이 천하에 어디 있습니까? 스승님은 어째서 그런 인간을 이상적인 인물로 받들고 계시는지요? 가르쳐 주십시오.

이 소년은 나이가 들어서도 결코 불교를 좋아하지 않았다. 도쥬의 이상은 철저한 겸양이었으며, 부처는 거기에 들어맞지 않은 인물이었던 셈이다.

열 일곱이 되었을 때였다. 공자의 《사서四書》를 전부 입수했다. 당시는 책이 모자라던 시절이었다. 《사서》를 손에 넣음으로써 도쥬의 학습의욕은 지금까지 이상으로 불타 올랐다. 자신의 소유물이 된 그 귀중한 지식의 보고寶庫에 틈만 나면 빠져들었다. 하지만 사무라이의 본분은 무예로 치부되던 시절이었다. 독서는 승려나 은둔자 따위에게나 어울린다며 멸시했다.

따라서 젊은 도쥬 역시 남 몰래 숨어서 책을 읽지 않을 수 없었다. 낮에는 무예로 시간을 다 보내야했으므로 책에 집중할 수 있는 시간은 밤뿐이었다. 그러나 비록 밤 독서였더라도 그것은 도쥬의 행동거지에 영향을 미쳤다.

어느 날, 동료 한 명이 도쥬를 '공자님'이라고 불렀다. 그것은 도쥬가 밤마다 공자가 쓴 책에 몰두했기 때문이었다. 또한 도쥬가 당시의 순진한 젊은이들에 비하자면 아주 드물게 보는 어른스러운 성격의 소유자였던지라 그 두 가지를 엮어 드러내놓고 비꼬는 말투였다.

"무식한 자식!"

어른스러운 소년의 화난 목소리가 들려왔다.

공자님이 돌아가신 지 2천 년이 지났다. 그 따위로 불러 성인의 이름을 더럽힐 생각인가, 그렇지 않으면 내가 학문을 즐기는 걸 우롱할 작정인가. 형편없는 녀석이로군! 싸움질만이 사무라이가 할 일은 아니야. 평시에도 해야 할 일이 있어. 무학無學의 사무라이는 그저 물건이거나 노예에 지나지 않아! 네 놈은 노예라도 상관없단 말인가?

도쥬의 고함은 효과가 있었다. 젊은이는 자신의 무지를 인정하고, 그 뒤로는 일절 빈정거리지 않았다.

도쥬의 나이 스물 둘이 되었다. 상냥했던 조부모는 세상을 떠났고, 아버지마저 그 무렵에 잃었다. 아버지와 함께 보낸 시간은 도쥬의 일생을 통해 눈 깜짝할 사이에 지나지 않았다. 역경은 그를 한층 더 다감하게 만들었으며, 눈물 많고 동정심 깊은 인간으로 키웠다.

이제 도쥬의 유일한 걱정은 오우미에 홀로 계신 어머니였다. 그는 이미 학문과 고결한 품성에 의해 날이 갈수록 명성이 높아지고 있었다. 명예와 좋은 대우가 그의 앞날을 약속해 주었다. 그러나 도쥬에게 있어서 오직 한 사람뿐인 어머니는 온 세상보다 더 무거운 존재였다. 이 무렵부터 그는 어머니에게 가장 큰 관심을 기울이게 된다.

3- 어머니 숭배

도쥬는 우선 어머니를 자신이 사는 곳으로 모시려 했다. 그래서 이요伊豫 지방 영주의 백성이 되기를 바랐다. 그렇지만 그게 여의치 않자 자신이 영주의 품을 떠나 어머니 곁에서 살기로 작심했다. 마음 속으로 엄청난 갈등을 겪은 연후에 도달한 결론이었다.

영주의 측근 가신에게 한 통의 편지를 보내 영주보다 어머니를 모시는 길을 택하지 않을 도리가 없는 자신의 특별한 사정을 털어놓았다. 편지에는 이렇게 적혀 있었다.

두 개의 길 중 어느 쪽을 택할 것인가, 내심 신중히 따져 보았습니다. 주군께서는 저 따위 부하 정도야 별도 조치를 취하시기만 하면 누구든 대신 불러 앉힐 수 있습니다. 하지만 제 노모는 보잘것없는 저 외에는 아무도 돌볼 사람이 없답니다.

도쥬는 저 '삼위일체'의 난문에 이런 식으로 대처하여 곧장 어머니 곁으로 돌아갔다. 상당한 양의 녹봉, 저택, 가재도구 등 모든 재산을 남겨둔 채였다.

어머니 곁에서 그의 마음은 편안해졌다. 그러나 어머니를 돌볼 방도가 없었다. 집으로 돌아갔을 때 그에게는 단돈 100문밖에 남아있지 않았다. 그 돈으로 약간의 술을 샀다.

이 학자 선생은 행상인으로 변신하여 근처 마을을 돌아다니면서 술을 팔아 몇 푼 되지 않는 돈을 벌었다. 모두가 어머니를 위한 일이었다.

또한 사무라이의 혼魂인 검을 은銀 10닢에 처분했다. 이 돈을 마을사람에게 꾸어주어 거기서 생겨나는 이자 몇 푼으로 두 가족의 알뜰한 생활을 지탱하는 별도 재원으로 삼았다.

도쥬는 그 같은 일을 조금도 부끄럽게 여기지 않았다. 그의 천국은 어머니의 미소 띤 얼굴 속에 있었으며, 어머니의 웃는 얼굴을 능가하는 귀중한 것은 있을 리 없었다.

2년 동안 도쥬는 이토록 가난하고 세상에 드러나지 않는 생활을 보냈다. 그의 저술에 의하자면 이 기간이 그의 생애에서 가장 행복했던 시기였다. 어머니 곁을 떠나서는 밤에 제대로 잠들지 못했으며, "꿈에 어머니를 생각하여 자꾸 몸을 뒤척였다"고 한다.

나중에 말하겠지만 도쥬의 모든 도덕 체계는 아들로서의 의무(孝)를 중심으로 한다. 따라서 이 중심적인 의무가 결여되면 도쥬는 모든 걸 잃고 마음의 안정을 찾지 못했다. 그의 일생의 목적이 무엇이었는지 우리는 알고 있다. 성인이 되는 것, 완전한 사람이 되는 것은 도쥬의 눈으로는 학자나 사상가가 되는 것보다 위대한 일이었다.

그러나 세상은 도쥬를 학자와 사상가로서도 필요로 했다. 그가 마침내 자신의 학문을 사람들을 위해 쓰지 않을 수 없는 기회가 닥쳤던 것이다.

4- 오우미의 성인

 스물 여덟이 되자 도쥬는 행상을 그만두고 마을에 학교를 열었다. 당시 학교를 시작하기란 아주 간단했다. 자택을 그냥 그대로 학생 기숙사와 교실로 썼다. 공자 초상을 앞쪽에 건 다음 그 앞에 공손하게 향을 피우고, 제자들을 거느린 스승이 정중하게 의식을 올리는 것이었다.

 학과목에는 과학과 수학이 없었다. 중국 고전, 역사, 시작詩作, 서예가 그 무렵 가르치던 수업과목이었다. 아담하여 눈에 잘 드러나지 않는 사업, 학교 교육이란 그런 것이었다. 영향은 아주 서서히 드러날 따름이었던지라 세상에 금방 알려지기를 바라는 성급한 자들이 기피하는 일이었다.

시골에 살면서 도쥬는 평생 평온 무사한 즐거운 나날을 보냈다. 그런데 나중에 나오듯이 우연히 도쥬의 이름이 세상의 주목을 끌게 되었다. 그는 자신의 이름이 남의 입에 오르내리는 것을 무엇보다 싫어했다. 마음이 도쥬의 왕국이었다. 내면적인 세계에 자신의 모든 것, 아니 그보다 더한 것이 있었다.

그는 마을에서 일어난 일에는 항상 관심을 기울였다. 마을 관리에게 고발당한 사람을 위해서 자신이 할 수 있는 수고를 아끼지 않았다. 가마를 타고 있을 때에는 가마꾼에게 인간의 길을 설파했다. 이런 류의 이야기는 이외에도 소박한 이웃사람들 사이에 많이 전해지고 있다. 한결같이 도쥬의 인생관을 잘 반영하는 이야기들이었다. 그는 '적선積善'에 관해 다음과 같이 말했다.

> 사람은 누구나 악명을 꺼려하고 명성을 바란다. 소선小善이 쌓이지 않으면 이름은 드러나지 않지만, 소인은 소선에 관해 생각하지 않는다. 그렇지만 군자는 매일 자신을 찾아오는 소선을 소홀히 대하지 않는다. 대선大善을 마주치면 행한다. 단지 먼저 찾으려 들지 않을 뿐이다.
>
> 대선은 적지만 소선은 많다. 대선은 명성을 안겨주지

만 소선은 덕을 안겨준다. 세상 사람들은 이름이 나기를 바라므로 대선을 갈구한다. 하지만 이름 때문에 행한다면 어떠한 대선도 작아진다. 군자는 많은 소선에서 덕을 얻는다. 정말이지 덕을 뛰어넘는 착한 일(=善事)은 없다. 덕은 모든 대선의 근원이다.

도쥬의 가르침 가운데 특히 유별난 가르침이 하나 있다. 도쥬는 제자의 덕과 인격을 아주 중시했고, 반면 학문과 지식은 두드러지게 경시했다. 참된 학자는 어떤 사람인가, 도쥬의 신념은 이랬다.

> 학자란 덕에 의해 주어지는 이름이지 학식에 의한 것이 아니다. 학식은 학재學才여서 그런 재능을 타고난 사람은 학자가 되기 쉽다. 그러나 제아무리 학식이 우수해도 덕이 모자란다면 학자가 아니다. 학식이 있는 것만으로는 보통 사람에 지나지 않는다. 무학의 사람도 덕을 갖추면 예사 사람이 아니다. 학식은 없으되 학자인 것이다.

몇 해에 걸쳐 이 스승은 가까운 이웃에밖에 알려지지 않은 채 묵묵히 평범한 생애를 보내고 있었다. 이윽고 섭리에 따라 도쥬는 무명의 존재에서 벗어나 세상에 알려진 인물이 되었다.

한 명의 청년이 스승으로 존경할만한 성인을 찾아 오카야마岡山를 떠나 전국으로 여행을 나섰다. 청년이 품은 이 진귀한 목적은 옛날 '박사'들이 '유태인 왕'을 찾아 길을 나섰던 것과 마찬가지였다.

청년은 도읍이 있는 동쪽을 향해 길을 서둘렀다. 도읍에만 가면 왕후 귀족뿐 아니라 성인을 만날 수 있으리라 믿었다. 오우미 지방에 도달한 청년은 하룻밤을 시골 여관에서 묵었다. 얇은 칸막이만으로 나뉜 옆방에는 두 명의 나그네가 있었다.

두 사람도 최근에야 서로 알게 된 사이처럼 보였다. 두 사람이 나누는 이야기에 청년은 저절로 끌려 들어갔다. 한쪽 사무라이가 이런 사건을 털어놓고 있었다.

주군의 명으로 수부首府로 올라가 수백 냥의 돈을 맡아 돌아오는 도중이었다. 돈을 품 속에 넣은 채 한 시도 떼어놓지 않았다. 그런데 이 마을로 들어오던 날, 평소의 습관과는 달리 돈주머니를 그 날 오후 빌린 말안장에 묶어 두었다. 숙소에 도착하여 안장에 묶어둔 귀중품을 깜

빡 잊고 마부와 함께 말을 그냥 그대로 돌려보내고 말았다.

한참 지나 비로소 큰일이 났음을 깨달았다. 내가 얼마나 놀랐을지 이해가 가리라 믿는다. 마부의 이름조차 몰랐으니 찾기란 불가능했다. 설령 찾아내더라도 그 사내가 이미 돈을 다 써버린 뒤라면 무슨 소용이 있겠는가. 내 부주의는 변명의 여지가 없었다.

주군께 빌어 용서받는 길은 오로지 하나밖에 없었다. (당시에는 사람 목숨을 그다지 중시하지 않았다.) 나는 번의 측근 가신과 내 친족에게 보내는 편지를 각각 쓴 뒤 자결의 결의를 다지고 있었다.

그렇게 무어라 말로 표현하기 힘든 고뇌에 빠져 있을 때였다. 한밤중이 되어 누군가 숙소의 문을 세차게 두드리는 자가 있었다. 잠시 뒤 인부의 차림새를 한 사내가 나를 만나고 싶어한다는 소식이 들려왔다. 그 사내를 보자마자 나는 너무 놀랐다. 사내는 그 날 오후 나를 말에 태우고 왔던 마부였던 것이다. 사내는 나를 보자마자 입을 열었다.

"사무라이 님, 안장에다 소중한 것을 잊어버리지 않으셨습니까? 집으로 돌아가서야 눈에 띄어 돌려드리려고 곧장 달려왔습니다. 여기 있습니다."

그런 말과 함께 마부가 내 앞에 돈주머니를 내놓았다. 나는 내가 어디 있는지조차 모를 지경이었다. 너무 기쁜 나머지 정신을 잃었던 것이다. 그러나 이내 정신을 차린 뒤 이야기했다.

"그대는 내 생명의 은인이다. 목숨을 구해준 보답으로 이 돈의 4분의 1을 주고 싶다. 정말 내 생명의 부모라고 일컬어야 마땅하다."

그러나 마부는 내 말을 따르지 않았다.

"저는 그 같은 돈을 받을 자격이 없습니다. 돈주머니는 댁의 것입니다. 댁이 가져가는 게 당연한 일입니다."

마부는 그러면서 내가 꺼내 놓은 돈을 거들떠보려고도 하지 않았다. 나는 그 사내에게 꼭 15냥을 쥐어주고자 했다. 하지만 소용이 없었다. 5냥, 2냥, 막판에는 1냥이라도 주려고 했으나 허사였다. 이윽고 마부가 말했다.

"나는 가난합니다. 이 일로 해서 집에서 4리(=10마일) 길을 달려 왔으니까 짚신 값으로 4문(=1센트의 100분의 4)만 받도록 하지요."

이리저리 밀고 당기고 하여 간신히 내가 사내에게 건네 줄 수 있었던 돈은 200문(2센트)이었다. 사내가 기쁜 표정을 지으면서 돌아가려는 걸 붙잡고 물어보았다.

"도대체 어떻게 그토록 무욕, 정직, 성실한가? 부디 그 영문을 좀 들려주면 고맙겠다. 요즈음 같은 이런 세태에, 이처럼 정직한 사람을 만나리라고는 꿈도 꾸지 못했다."

가난한 사내가 대답했다.

"내가 사는 오가와小川 마을에 나카에 도쥬라는 분이 계십니다. 우리는 그 분에게 배웁니다. 스승님은 이익을 올리는 것만이 인생의 목적은 아니다. 그것은 정직이다. 올바른 길, 인간의 길에 따르는 일이다고 말씀하십니다. 우리들 마을사람 모두가 스승님의 가르침을 따라 살아가고 있을 뿐이랍니다."

이 이야기를 엿들은 청년이 무릎을 탁 치면서 외쳤다.
"그 분이야말로 내가 찾아다니는 성인이시다. 내일 아침 찾아뵙고 하인이나 제자가 되어야겠다."

다음 날, 청년은 즉시 오가와 마을로 가서 성인을 만났다. 청년이 찾아온 뜻을 밝힌 다음 머리를 숙이고 제자로 받아줄 것을 진심으로 탄원했다. 도쥬 선생은 깜짝 놀랐다. 나는 그저 한 시골마을의 선생에 지나지 않는다, 멀리서 온 훌륭한 분으로부터 부탁 받을 만한 인간이 못된다. 도쥬 선생은 이렇게 정중하게 젊은 사무라이의 제의를 거절했다.

그래도 사무라이는 포기하지 않았다. 일단 자신의 스승으로 정한 사람에게서 결코 떠나려고 들지 않았다. 스승 쪽 역시 의지가 강했다. 나그네는 커다란 오해를 하고 있음에 지나지 않는다, 나는 마을 아이들 이외의 선생이 아니다며 물러서지 않았다. 이제는 끈기와 겸손의 줄다리기로 바뀌었다. 두 사람 다 마지막까지 버텼다.

무슨 말을 해도, 아무리 빌어도 스승의 허락을 받기 어렵다는 사실을 깨달은 사무라이는 오로지 줄기차게 밀어붙임으로써 성인의 겸손에 이기리라고 작심했다. 그래서 스승의 집 앞 현관 곁에 겉옷을 펼친 뒤 자세를 똑바로 하고, 크고 작은 두 검을 바닥에 내려놓고는 무릎에 두 손을 올리고 앉았다. 햇살이 내리쪼이고, 비와 이슬에 젖고, 길가는 사람들의 입방아에 오르내리건 말건 앉아서 버텼다. 여름이었던지라 모기에게도 많이 시달렸다.

그러나 청년의 목적 하나만을 겨냥한 굳은 결심은 변하지 않았다. 무슨 일이 있어도 청년은 단정한 자세를 흐트러뜨리지 않았던 것이다. 사흘 낮 사흘 밤사이에 무언의 소망은 집안에 있는 스승에게 도달했건만, 스승으로부터는 한 마디의 말도 이끌어낼 수 없었다.

바로 그 때였다. 도쥬에게는 전능 그 자체인 어머니가 청년을 위해 중개역을 맡고 나섰다. 어머니는 곰곰 생각해 보았다. 이만큼 진심으로 바라고 있음에도 자신의 아들이 받아들이지 않고 내버려두어서는 옳지가 않다. 그 청년을 제자로 받아들여도 무방하지 않은가. 아들로서는 그렇게 하는 편이 거절하는 것보다 낫다고 판단했다.

스승도 이 문제를 다시 따져보기 시작했다. 어머니가 옳다고 여겼다면 옳음에 틀림없다. 이렇게 해서 스승은 드디어 굴복했고, 사무라이를 제자로 맞아들였다.

이것은 구마자와 반잔熊澤蕃山의 이야기이다. 반잔은 훗날 큰 번인 오카야마의 재정 및 행정을 담당하는 관리가 된다. 그는 오카야마에서 후세까지 영향을 미친 수많은 개혁을 이끌었다.

만일 도쥬의 제자가 이 인물밖에 없다손 치더라도 도쥬는 국가 최대 은인의 한 사람으로 기억되어야 하리라. 이제는 스승의 손에 맡겨진 이 거대한 사업의 의의를 잘 이해하려면 그 제자에 관해 다시 또 한 권의 책을 쓰지 않으면 안 된다. 이렇게 해서 신의 섭리는 밤의 그림자를 반기는 보석을 백일하에 꾀어냈던 것이다.

이 과묵한 사람의 바깥으로 드러난 생활에 대해 눈길 끄는 이야기를 하나 더 하기로 하자. 그것으로 이 방면 이야기의 마지막을 장식했으면 한다. 그것은 오카야마 영주의 방문이 있었다는 사실이다. 오카야마 번의 가신이 된 반잔이 자기 스승의 위대한 인격을 자랑했기 때문이다.

영주의 방문은 엄격한 신분차별이 있던 시대로서는 아주 이례적인 사건이었다. 도쥬가 아직 무명의 존재였던 데 비해 영주는 전국에서도 손꼽히는 큰 번의 영주였다. 그걸 감안하면 이 방문은 방문을 받은 쪽 뿐 아니라 방문한 쪽도 마찬가지로 대단히 명예로운 겸손을 증명하는 사건이었다.

그렇지만 큰 번의 영주가 기대했던 것과는 달리, 스승이나 마을사람에게는 그처럼 귀한 손님을 맞을 준비가 전혀 되어 있지 않다는 사실이 밝혀졌다. 수많은 가신을 거느린 영주의 행렬이 스승의 집 앞에 도착했을 때, 집안에서는 스승이 몇 명의 마을 아이들에게 《효경孝經》을 가르치고 있었다.

오카야마 영주가 만나고 싶다는 간곡한 뜻을 전하자 스승은 "손님께서는 죄송하지만 강의가 끝날 때까지 현관에서 기다려 주시면 고맙겠다"는 답을 보내왔다. 영주는 지금까지 단 한 번도 그와 같은 푸대접을 받은 경험이 없었다. 그러나 영주는 그게 무슨 상관이냐는 듯 아무렇지도 않은 표정으로, 수행해온 부하들과 함께 안에서 강의를 마칠 때까지 기다리는 것이었다.

이윽고 귀한 손님은 다른 일반인들과 조금도 다를 바 없는 형식으로 실내에 안내되었다. 영주는 부디 자신의 스승 겸 상담역을 맡아 달라고 부탁했다. 그렇지만 스승은 자신의 사명이 마을에 있고, 또 어머니와 더불어 살아가는 것에 있다면서 거절했다. 영주가 이 이례적인 방문으로 얻은 성과는 자신의 이름을 스승의 문하에 적어 넣도록 허락 받은 것과, 스승 대신 큰아들을 오카야마로 파견해 주겠다는 약속을 얻은 것뿐이었다.

가르침을 받으려 찾아온 가난한 청년에게는 그토록 겸손을 표한 스승이었건만, 위풍당당하게 찾아온 영주에게는 의연한 태도로 응대했던 것이다. 확실히 스승은 널리 전국 각지로부터 '오우미 성인'으로 칭송 받고, 그들의 고민을 풀어주기에 걸맞은 인물이었다. 도쥬는 모든 이들의 존경의 대상이 되었으며, 여러 영주들이 저마다 영지 내의 일로 일부러 의논을 하러 모여들었다.

이 같은 이야기를 빼자면 나머지 도쥬의 생애는 평온 무사했다. 그의 생활의 일면을 전하는 이야기는 이것으로 마치겠다. 하지만 걸핏하면 아내와의 관계로 사람을 판단하려 드는 서양 독자들은 그의 부부 생활이 궁금하리라 여겨진다.

도쥬는 유학자로서 엄격한 일부일처주의자였다. 중국 성현의 가르침에 따라 서른 나이에 결혼했다*. 그의 반려가 된 여성은 용모가 별 볼품이 없었다. 어머니는 그걸 염려하여 당시에야 흔하디 흔하던 재혼을 권했다. 그러나 어머니의 희망에는 무엇이건 귀기울이던 이 착한 효자도 그 일만큼은 따르려들지 않았다.

"비록 어머니의 말씀이지만 하늘의 뜻에 반하면 옳지 않습니다"고 말하면서 거절했다고 한다. 그 결과 그 여성은 일생을 도쥬와 더불어 살면서 두 아이를 두었고, 남편의 영예를 위해 자신의 영예를 모두 희생하는 전형적인 일본의 아내였다. 도쥬가 저술한 《여훈女訓》이라는 소책자에 그려진 이상적인 여성상, 그것은 바로 아내의 아름다운 마음씨에서 시사를 얻어 쓴 것이었다.

남성이 여성을 대하는 관계는 하늘이 땅을 대하는 관계

---

*《예기》에 '서른을 장 (壯)이라 부르며 실 (室)을 거느린다고 나와 있다.

와 마찬가지다. 하늘은 힘(virtus)이며, 만물은 하늘에서 생겨난다. 땅은 받아들이는 쪽이며, 하늘이 낳은 것을 받아 이를 키운다. 여기에 남편과 아내의 화和가 있다. 전자는 낳고, 후자는 이룬다.

나는 기독교가 이 같은 여성관에 이의를 제기해서는 안 된다고 믿는다.

5- 내면의 사람

 바깥으로 드러나는 빈곤하고 간소한 도쥬의 모습을 풍성하고 다양한 그의 내면과 비교하면 너무 불균형을 이룬다. 도쥬의 내면에는 자신을 절대군주로 하는 거대한 왕국이 있었다. 도쥬가 지닌 외면적인 부드러움은 내면적인 충족의 자연스러운 반영이었다.

 그가 천사에 비견되는 인물이라는 평을 듣는 것처럼 "90퍼센트의 영靈과 고작 10퍼센트의 육肉으로 이뤄져 있다"고 말해도 무방하리라. 훨씬 진보된 구제론이나 종말론을 아울러 지니고 있는 우리들이 과연 이 인물의 절반만큼이라도 행복한지 의심스럽다.

 도쥬의 제자 2명이 고생 끝에 그의 저술 10권을 발간했다. 이로써 일본에 체계적인 사상이 존재하기라도 했던가 싶은 시대에 엄연히 실재했던 인물의 전모를 한 눈에 살펴볼 수 있게 되었다. 이들 책에는 도쥬의 소전小傳, 서민들에 대한 회상, 중국 고전의 주석註釋, 강의, 소론小論, 편지, 탁상 담화, 일본어 및 한문으로 된 시가詩歌 등이 수록되었다. 나의 역할은 그저 그 사람의 내면 세계로 독자를 안내하는 데 지나지 않는다.

도쥬의 학문상의 자취는 뚜렷하게 2기로 나뉜다. 처음은 당대의 다른 이들과 마찬가지로 보수적인 주자학 속에서 성장한 시기이다. 주자학에 의해 도쥬는 무엇보다 자기 자신에 대한 부단한 탐구를 요구받았다. 이 신경이 예민한 젊은이가 자신의 내부의 결점과 약점을 끊임없이 반성한 결과 신경과민에 빠졌음을 쉬 짐작할 수 있다.

지나친 자기 탐구의 결과는 초기의 생애와 저술에 명료하게 반영되어 있다. 21세에 쓴 《대학 계몽》이 바로 그렇다. 만약 도쥬가 진보적인 중국인 왕양명王陽明의 저작을 대함으로써 새로운 희망을 품지 않았더라면 어떻게 되었을까. 비관적인 주자학의 압박 아래, 본시 소극적인 도쥬와 같은 인물에게 종종 드러나는 것처럼 불건전한 은둔생활에 빠지고 말았으리라.

우리는 사이고 다카모리에 대해 이야기하면서 이미 그 저명한 사상가를 소개할 기회가 있었다. 양명학의 형태를 띤 중국 문화 덕택에 우리는 소심하고 내성적이며 보수적이자 퇴보적인 국민이 되지 않았던 것으로 본다. 이것은 지금까지 일본 역사 속에서 충분히 인정된 사실이라고 말할 수 있다.

성인 공자가 탁월한 진보적 인간이었다는 사실을 오늘날 공자 논자들은 누구나 인정하고 있다. 바로 그 공자를 퇴보적인 그 나라 사람들이 자기 식으로 해석하여 진면목을 바꿔버렸던 것이다. 그러나 왕양명은 공자의 내면에 있던 진보성을 전개하여 그릇된 공자상을 품었던 사람들에게 희망을 불어넣었다. 이 왕양명은 도쥬가 공자를 새로운 눈으로 바라볼 수 있도록 도와주었다. 오우미의 성인은 이제 실천적인 사람으로 변했다. 그가 양명주의를 노래한 몇몇 시가 있다.

> 어둡더라도 오로지 한 길로 나아가라
> 마음이 달에 구름이 낀 듯 맑지 않아도
> 뜻을 굳게 세워 나아가야 하리
> 화살이 돌멩이를 꿰뚫었다는 이야기도 있거늘

위도 없고 바깥도 없는 길을 나아가기 위해
나를 버려야 비로소 나를 깨닫게 되리라

대관절 이 시에서 고요한 시골에 파묻혀 사는 선생을 상상이라도 하겠는가.

앞서 도쥬가 쓴 중국 고전의 주석서가 있다고 말했다. 그것은 도쥬의 모든 저술 중에서 가장 중요하다. 그러나 독자들은 도쥬를 당시의 일반적인 의미에서의 '주석가註釋家'로 착각하지 말기 바란다. 그는 상당히 창조적인 인간이었다. 다만 본래의 겸손한 성격으로 인해 자신을 드러내는 대신 이런 종류의 학문에 빠졌던 것이다. 도쥬가 고전에 대해 완전히 자유로운 태도를 취한 것은 제자들에게 되풀이하여 했던 말에서도 분명히 드러난다.

"옛 성현의 논저에는 현재의 사회상태에는 적용할 수 없는 것이 수두룩하다."

도쥬는 이런 말과 함께 자신의 학교에서는 수정판을 만들어 사용했다. 만일 도쥬가 지금도 살아 있다고 친다면 '이단 재판'의 전형적인 대상이 되었으리라.

도쥬가 인위의 법(노모스)과 외재적인 진리(道, 로고스)를 명확하게 구분하고 있었다는 사실은 다음과 같은 유명한 말에서도 나타난다.

> 도道와 법은 다르다. 둘을 혼동하는 수가 많으나 그것은 잘못이다. 법은 시기에 따라, 혹은 중국의 성현에 따라 바뀐다. 우리나라에 들어와서는 더욱 그렇다. 그러나 도는 영원의 처음부터 생겨난 것이다. 덕이라는 이름에 앞서 도는 알려져 있었다. 인간이 출현하기 이전에 우주는 도를 지니고 있었다. 인간이 소멸하고 설령 천지가 무無로 돌아간 뒤에도 그것은 계속 남으리라. 하지만 법은 시대의 필요에 의해 만들어진다. 때와 장소가 바뀌고, 성인의 법 역시 세상에 맞지 않게 되면 도의 근본을 해친다.

이것은 흡사 오늘날 극단적인 영감론자靈感論者들이 성서에는 아무런 오류가 없다고 간주하는 것처럼, 소위 《경서經書》 역시 그런 식으로 여겨지던 시절에 나온 말이다. 그러니 이런 정신으로 쓴 주석서는 당연히 대담하고, 획기적이며, 새로운 것이었다.

아무 두려움 없이 독립심을 갖고 있던 도쥬였지만, 그 윤리 체계에서 가장 주목받는 것은 겸양의 덕에 최고의 위치를 부여하고 있었다는 사실이다. 그로서는 겸양의 덕이야말로 거기서 다른 모든 도덕이 생겨나는 기본적인 도덕이었다. 겸양의 덕이 없으면 모든 것이 없는 것과 마찬가지가 된다.

> 학자는 우선 만심慢心을 버리고 겸덕謙德을 구하지 않으면 제아무리 학문 재능이 있어도 여전히 속중俗衆의 부육腐肉을 벗어났다고 하지 못한다. 만심은 손해를 초래한다. 겸양은 하늘의 법이다. 겸양은 허虛이다. 마음이 허하면 선악의 판단은 저절로 생겨난다.

'허' 라는 단어의 의미를 다시 이렇게 설명하고 있다.

> 예로부터 진리를 찾는 자는 이 말에 걸려 넘어진다. 정신적이라는 것은 허이며, 허라는 것은 정신적이다. 이런 사실을 잘 분별하지 않으면 안 된다.

덕을 높이기 위한 도쥬의 방법은 아주 간단했다. 그의 말은 이랬다.

덕을 지니고 싶으면 매일 선을 행해야 한다. 일선一善하면 일악一惡이 사라진다. 날마다 선을 행하면 날마다 악이 사라진다. 낮이 길어지면 밤이 짧아지듯이 선을 행하면 모든 악은 사라져 간다.

이 마음의 허에서 도쥬는 최고의 만족을 깨달았다. 그는 여전히 이기심에서 벗어나지 못하는 사람들을 가련하게 여겨 다음과 같이 말했다.

옥獄 바깥에 옥이 있어
세계를 집어넣을 만큼 넓다.
그 사방의 벽은 명예, 이익, 오만, 욕망에의 집착이다.
서글프게도 실로 많은 사람들이
그 속에 묶여 끝없이 신음하고 있다.

도쥬는 빌어서 무엇을 바라는 식의 욕망은 그게 무엇이건 싫어했다. 불교에 그 같은 성격이 강했던지라 도쥬는 불교를 신앙의 대상으로 삼지 않았다. 가령 선한 일이라도 보상을 목적으로 하는 것이라면, 아무리 그것이 내세來世의 보상이더라도 반대했다. 정의는 그 이외의 동기를 필요로

하지 않는다. 상을 받아 내세에도 살아가리라는 기대가 없었다. 설령 있었다고 치더라도 도쥬의 정의애와 천도天道를 실행하는 기쁨을 조금도 가로막지 못했다.

불교 신앙에서 멀어져 유교로 바꾼 자식을 서운하게 여기는 어머니에게 이런 편지를 보냈다.

> 후생後生을 소중하게 생각하시는 것은 잘 압니다. 그러나 후생이 소중하다면 금생今生은 훨씬 소중합니다. 금생에 헤매면 후생에도 계속 헤맬 것입니다…… 이처럼 내일의 일조차 모르는 무상한 인생에서는 항상 내 흉중에 있는 부처를 받드는 태도가 보다 더 소중하답니다.

도쥬는 무신론자가 아니었다. 그가 일본의 여러 신들에게 깊은 경의를 표하고 있었다는 사실에서도 알 수 있다. 다만 그의 신앙은 올바르게 살고 싶다는 바람을 제외하고는 다른 모든 기원祈願과는 신기하리 만치 담을 쌓고 있었다.

그래도 도쥬는 인생을 대단히 즐겁게 보낸 듯하다. 그의 저술에는 의기소침한 구석이 단 한 군데도 없다. 우리가 지닌 신이나 우주의 사상에서 보자면, 양명학파인 도쥬가 어떻게 그토록 행복했는지 상상조차 하기 어렵다.

'겨울날에'라는 제목이 붙은 시에는 변함 없는 희열로 넘치는 심정이 잘 드러나 있다.

> 세상의 벚꽃을 그리워 하지 않는다면
> 봄의 마음은 한가롭기 그지없으리

이와 비슷한 분위기의 시가 또 있다.

> 생각하면 괴롭고 허망한 이 세상을
> 배움으로 편안하게 즐길 수 있나니

그러나 도쥬는 장수하지 못했다. 아내가 죽은 지 2년 뒤인 1648년 가을, 마흔의 나이로 그 인생에 걸맞은 마지막을 맞았다. 임종이 가까워진 것을 알아차리자 제자들을 불러놓고 평소처럼 똑바로 앉아 이렇게 고했다.

"세상을 떠날 때가 왔다. 부디 나의 길이 사라지지 않도록 해주기 바란다."

그는 그렇게 떠나갔다. 이웃사람들은 죄다 상복을 입었다. 스승에게 경의를 표하는 문상이 여러 영주들로부터 밀려들었다. 장례는 영지 전체의 행사가 되었다. 덕과 정의를 사랑하는 사람들은 한결같이 도쥬의 죽음을 애도했다.

몇 해가 흐른 다음, 도쥬가 살던 집은 마을사람들의 손으로 깨끗이 수리되어 오늘날까지 보존되고 있다. 도쥬의 이름이 붙은 신사까지 세워져 한 해 두 차례씩 기념 제례가 올려진다. 그의 묘소를 찾는 사람이 있으면 마을사람들이 간소한 예복을 입고 안내해 준다. 300년이나 이전에 살던 사람이 어째서 이토록 존경을 받는 것일까. 마을사람들은 그런 질문에 다음과 같이 대답한다.

"이 마을에서는 아버지가 자녀에게 인자하고, 자녀는 아버지에게 효성을 바칩니다. 또 형제들은 서로 사이좋게 지냅니다. 집에서 고함치는 소리가 들리는 법이 없으며, 누구나 온화한 표정을 짓고 있습니다. 이 모두가 도쥬 선생님의 가르침과 후세에 남겨진 감화의 선물입니다. 우리는 누구나 스승님의 이름을 감사한 마음으로 받들고 있습니다."

현대를 사는 우리는 남에게 감화를 준답시고 북을 두드리고 나팔을 불며 신문광고를 내는 등 야단법석을 떤다. 그렇지만 참된 감화가 무엇인지는 이 인물을 통해 배우는 게 빠르리라. 장미꽃이 스스로의 향기를 모르는 것과 마찬가지로, 도쥬 역시 자신의 영향력을 몰랐다. 그런 도쥬처럼 조용한 생활을 할 수 없다면 우리는 평생 글을 쓰고, 설교를 하거나, 아무리 손짓 발짓 해보았자 각자 '다다미 한 장 정도의 묘지' 외에 아무 것도 남기지 못하리라.

도쥬가 이런 말을 한 적이 있다.

> 계곡이나 산골짜기나 이 나라 가는 곳마다 성현이 있다. 단지 그 사람들은 스스로를 드러내지 않으므로 세상이 모를 따름이다. 그들이 참된 성현이다. 세상에 이름이 왁자하게 알려진 사람들은 족탈불급이다.

행인지 불행인지 도쥬의 이름은 '세상에 알려졌다.' (아시다시피 그것은 본인이 바라는 바가 아니었음에도 말이다.) 이것은 큰 희망을 품고 인생을 보내면, 잠자코 인생을 보냈더라도 힘이 미친다는 사실을 도쥬로부터 배우기 위한 것인지도 모른다. 옛날 일본을 모든 속악(俗惡)으로부터 지켜낸 사람이 바로 그 같은 성인들이었던 것이다.

덕과 감화에 관해 손쉽게 가르치고 있는 현대의 교육제도에 따르자면 우리 속에 만연된 속악을 과연 제대로 억누를 수 있을지 의심스럽다.

'머리 꼭대기로 피가 다 솟구치고 말았다' '손발의 피가

다 빠져 텅 비어 버리고, 금방 뇌출혈로 죽게 된다'고 외치는 소리가 들려 온다. 수많은 도쥬가 이 나라에 출현하지 않을 때에는 말이다.

일본에서 일련종日蓮宗을 창시한 승려.
처음에는 천태종을 배웠으나 수행하는 과정에서
불법의 진수를 법화경에서 깨달아 1253년에 일련종을 열었다.

길거리 설법을 통해 다른 종파를 공격하여
이채를 띠었으나 이단시되었다.

저서 《입정안국론》으로 필화를 입어 유배당했다가 몽골의 침공을 예견한 것이 적중하여 사면을 받아 더욱 유명해졌다.

현재의 '창가학회創價學會'는 일련종의 일파인 일련정종日蓮正宗의 신도 단체로서, 현실 정치에 참여하여 일본의 첫 종교 정당 공명당公明黨을 출현시켰으나 지금은 사찰 쪽과 완전히 갈라졌다.

니치렌 日蓮
(1222~1282년)

1- 일본의 불교

종교는 인간의 최대 관심사이다. 정확하게 말하자면 종교가 없는 인간은 상상할 수 없다. 우리는 자신의 능력을 훨씬 뛰어넘는 소원을 지니고 있으며, 세상에서 주어지는 것보다 훨씬 많은 것을 바라는 묘한 존재이다. 이런 모순을 없애기 위해서는 행동이야 어쨌거나 적어도 사상의 면에서 무언가를 하지 않으면 안 된다.

이따금 누구누구가 '무종교'라는 투의 이야기를 듣곤 한다. 하지만 그것은 그 사람들이 특정 교의敎義를 받들지 않는다는 뜻이 아니다. 다니는 교단이 없고, 나무나 금속으로 만들어진 신神이나 혹은 마음에 떠오르는 어떤 상像을 숭배하지 않는다는 말에 지나지 않는다.

그럼에도 불구하고 그 사람들에게도 종교는 있다. 내부에 있는 '불가사의한 것'을 단지 배금주의拜金主義라든가 제주祭酒, 또는 그와 다른 자기 식의 최면술이나 진정술에 의한 것이건 어쨌건, 이런저런 수단을 써서 억지로 억누르고 있을 뿐이다.

인간의 종교는 인간 자신에 의한 인생 해석이다. 인생에 어떤 해석을 내리는 것은 이 살벌한 세상에서 안심하고 살아가기 위해서 반드시 필요하다 할 수 있다.

나아가 가난한 사람에게는 희망이며 부유한 사람에게는 공포라고 할 '죽음'이라는 가장 중요한 문제가 있다. 이것은 다른 여하한 문제보다 더 중요한 큰 문제이다. 죽음이 존재하는 곳에 종교가 없어서는 안 되는 것이다.

그런 사실은 우리가 약한 존재라는 분명한 증거일지 모른다. 그렇지만 그와 동시에 우리의 숭고한 출생과, 우리 속에 죽지 않는 것이 있다는 증거이기도 하다. 죽어도 죽지 않는 것, 이것이 아담의 자손 모두가 바라던 것이었다.

종교적인 것으로 알려진 헤브라이인이나 인도인과 마찬가지로, 일본인도 불사不死를 선망한다. 25세기 동안 우리는 부활 이야기를 듣지 못한 채 살아왔다. 그래도 좋은 종교가 있었던 덕택으로 그럭저럭, 사람에 따라서는 정말 멋진 방법으로, 죽음을 극복해 왔다. 즐거운 봄을 장식하는 벚꽃, 고요한 가을을 물들이는 단풍, 그렇게 아름다운 국토를 이 세상의 집으로 삼아 안온한 가정생활을 영위하면서 인생을 살아 왔다.

인생은 우리에게 있어서 그다지 무거운 짐이 아니었다. 그런 만큼 죽음은 한층 슬픈 일이었다. 영원히 살고 싶은 바람이 있었던지라 죽음을 떠올리면 2배의 고통이 엄습했다. 단지 신도神道에서 말하는 하늘에 있는 신들이 사는 곳, 불교에서 말하는 극락의 연꽃 정원 등 우리는 좀더 나은 곳으로 가게 된다는 신앙에 의해 비로소 고통을 줄이고 있었던 것이다.

죽음을 두려워한 이유는 겁이 많아서가 아니라 우리의 아름다운 국토에 대한 애착 때문이었다. 운명이나 의무에 의해 우리가 사랑하는 땅을 떠나야 할 때, 우리에게는 몸을 맡길 만한 종교가 필요했다.

일본인에게는 자기 자신의 종교가 있다. 그것은 중앙 아시아의 고향에서 함께 왔을 가능성이 큰 종교이다. 그 종교가 원래 어떤 종교였던가를 설명하기란 수월하지 않다. 그것이 모세의 종교와 비슷하다는 지적이 나온 적이 있었다. 그 외에도 유태의 잃어버린 10지족支族의 기록을 우리에게서 찾으려는 시도도 있었다. 그러나 그것이 무엇이건 그보다 훨씬 복잡하면서 발달된 것으로 일컬어지는 종교, 인도에서 생겨난 종교에 밀려나 힘을 잃는 시대가 닥쳤다.

인도의 종교가 처음 일본에 들어왔을 때의 영향은 쉬 상상할 수 있다. 화려한 의식, 고원高遠한 신비주의, 힘이 세면서도 복잡한 사색은 단순한 사람들에게 경이의 눈을 뜨게 했음에 분명하다. 무지한 자의 눈을 즐겁게 만들고, 학문이 있는 자의 지성을 자극하고, 지배자의 목적에 부합되었다.

외래 신앙의 전면적인 수용에 대해서는 애국심에 근거한 반대도 있었다. 그럼에도 불구하고 인도 종교는 일본에서 실로 장족의 발전을 이뤘다. 적어도 한 때는 오래된 신앙이 완전히 자취를 감추고, 새로운 신앙이 몇 세기 동안에 걸쳐 계속 지배했다.

불교의 일본 전래 시기는 제29대 긴메이欽明 천황 13년인 서기 551년으로 알려져 있다. 불교 연대年代학자들은 그것이 '불멸佛滅 후 1501년'이라고 주장한다. 587년에는 일찌감치도 쇼토쿠聖德 태자에 의해 천왕사天王寺의 대가람이 나니와(難波= 현재의 오사카)에 건립되었다. 쇼토쿠 태자는 일본이 낳은 가장 현명한 왕자였으며, '일본 불교의 아버지'로 불린다. 이어진 7세기에는 전국에서 불교로 개종하는 붐이 일었고, 역대 천황들이 솔선하여 개종을 권장했다.

같은 무렵, 중국에서는 당나라 명승 현장玄奘의 지도 아래 불교의 대부흥이 일어났다. 인도를 향한 현장법사의 모험과 다를 바 없는 여행은 영역본 《대당서역기大唐西域記》에 생생하게 그려져 있다.

신앙의 발상지를 찾아간 현장법사 밑에서 배울 목적으로 일본에서도 학자가 바다를 건너 파견되었다. 나라奈良 시대(708-769년)의 천황은 죄다 불교의 강력한 지지자였다. 오늘날도 똑같은 지명을 가진 고도古都 나라에는 장대한 사찰이 건립됨으로써 전래된 지 얼마 되지 않은 새로운 종교가 급속도로 세력을 퍼트린 사실을 증명하고 있다.

그러나 새로운 종교열풍이 정점에 달한 것은 9세기 초였다. 사이초最澄와 구카이空海라는 이름의 두 승려가 저마다 고른 종지宗旨를 지니고 중국 유학에서 돌아왔을 무렵이었다. 나라에서 교토京都로 도읍지를 옮긴 간무桓武 천황은 두 사람에게 각각 절을 짓기에 안성맞춤인 토지를 주었다. 그와 아울러 기부금과 특권까지 부여했다. 사이초는 새로운 도읍의 북동쪽, 모든 악이 깃들이는 방향으로 여겨진 히에이 산比叡山에 연력사延曆寺를 세웠다.

구카이는 기이紀伊 지방의 다카노 산高野山에 금강봉사金剛峰寺의 기초를 닦았으나 교토 남쪽에도 따로 절터를 얻었다. 현재 철도역 남쪽에 탑이 솟아 있는 유명한 동사東寺가 바로 구카이에 의해 세워진 절이다. 연력사는 787년, 금강봉사는 816년에 건립되었다.

일본의 불교는 이로써 깊게 뿌리를 내렸다고 할 수 있다. 이를 능가하는 종교는 달리 없었다. 절을 창건한 이들이 자신들의 절이 있는 산처럼 그 기반이 튼튼하다고 여긴 것도 하등 이상한 노릇이 아니었다.

이렇게 해서 9세기 초엽에는 소위 불교 8종, 즉 삼론三論, 법상法相, 화엄, 율律, 성실成實, 구사俱舍, 천태天台, 진언眞言이 일본에 단단히 그 기반을 다졌다.

구카이가 죽은 뒤 4세기에 걸쳐서 일본에는 새로운 종파가 전래되지도 않았거니와, 형성되지도 않았다. 8종은 저마다 세력과 영향력이 커졌지만, 주류는 사이초의 천태종이었다. 교단이 권력을 장악하자 덩달아 온갖 부패가 생겨나는 것은 어디나 마찬가지다. 마침내 승려가 제왕 중의 제왕이 되었던 것이다. 애를 먹은 어느 천황이 남긴 유명한 말이 있다.

니치렌 201

내 뜻에 따르지 않는 게 둘 있다. 하나는 가모 강賀茂川 강물이요, 다른 하나는 연력사 중들이다.

역대 천황이나 귀족들은 앞다투어 자신이 특별히 귀의할 사원寺院을 세워 요란하게 장식한 다음 기증하기도 했다. 그로 인해 대도시인 교토와 그 근교에는 산문, 탑, 육각당六角堂, 종루 등 화려한 종교 건축이 들어섰다. 그것은 당시 일본에 번성했던 불교 신앙의 거대한 기념물로 지금껏 남아 있다.

12세기 말이 되자 오랜 세월에 걸친 살육전이 끝나고 일본에도 평화가 찾아왔다. 그러자 종교 사상의 새로운 활동이 움트기 시작했다. 쇼군將軍 미나모토노 요리토모源賴朝는 승려로부터 세속적인 권력을 거둬들였다. 그러나 국민의 정신적 지도자로서 승려에게 상응하는 경의를 표하기는 했다. 그 결과 지덕知德을 겸비한 여러 학승學僧이 나타났다. 요리토모의 뒤를 이은 호조씨北條氏의 대다수도 독실한 불교 신자였다.

당시의 불교가 화려하고 허식虛飾에 흐르는 것에 염증을 느껴 중국에서 선禪이라고 불리는 명상적인 불교의 일파가 도입되었다(1200년). 이 새로운 타이프의 불교를 일본에 정착시키려고 교토, 가마쿠라鎌倉, 에치젠越前에 대사원이 세워졌다. 외견적인 의식 중심의 옛 불교와는 대조적으로 새로운 교파에는 깊이 있는 형이상학이 있었다. 그로 인해 상류의 지식인 계층으로부터 환영받는 신앙이 되었다.

고도의 지적 성격을 지닌 선 철학이나, 장엄하여 가까이 다가가기 어려운 옛 불교에 비해 민중에게 쉬 어필하는 신앙도 필요해졌다. 거기에 부응하는 신앙이 겐쿠源空라는 이름의 승려에 의해 제창되었다. 1207년 무렵, 겐쿠는 나중에 정토종淨土宗이라 불리게 되는 종파를 민중 사이에 퍼트렸다.

정토종은 그저 부처의 이름을 외우는 것만으로도 정토에 갈 수 있다고 가르쳤다. 그래서 염불종念佛宗이라는 이름으로도 불렸다. '나무아미타불'하고 방울소리에 맞춰 장단을 넣어 읊조리기만 하면 그뿐이었다. 전반적으로 애조 띤 목소리로 외우고, 이따금 춤을 추는 경우도 있었다. 종래의 위엄이 충만한 신앙에 견주자면 전혀 새로운 신앙이라 아니 할 수 없었다.

그 분파가 진종眞宗으로, 비슷한 무렵에 한넨(範宴=나중에 법명을 신란親鸞으로 바꿈)이라는 이름의 승려에 의해 시작되었다. 진종은 다른 교파의 세력을 크게 꺾을 만큼 수많은 사람들에게 영향을 미쳤다. 그 가르침의 뚜렷한 특징은 승려로부터 평생 '불범不犯의 금禁'(범해서는 안될 규칙)을 해제하여 승속僧俗을 가리지 않고 똑같은 생활을 누릴 수 있다는 관대함을 보여준 점에 있다. 이렇게 해서 불교는 세속화되었고, 민중이 다가가기 쉬운 가르침으로 바뀌었다.

이제 포교를 위해 왕권의 힘을 빌 필요가 없어졌으며, 사람들 사이에 활력을 불어넣어 후세에 커다란 영향을 안겨주기에 이르렀다. 염불종에 또 하나의 분파를 더하자면 시종時宗이 있다. 시종까지 보태면 일본 불교에서의 대중적인 교파는 망라된 셈이다. 이 정토종의 3개 종파는 서로 거의 비슷한 시기에, 또한 당시의 교양계층에 침투한 신비적인 선불교와 어깨를 견주며 사람들 사이를 파고들었다.

지금 이야기 한 종파의 바로 뒤를 이어 다시 한 개의 종파가 생김으로써 일본 불교는 모두 12종이 되었다. 따라서 13세기는 일본 불교의 최후, 최대의 형성기였다고 해도 과언이 아니리라. 일본에서의 인도 종파의 참된 재형성기(개혁기)였던 셈이다. 그만한 번성은 그 후로는 나타나지 않았다. 이 때의 확신이 담긴 가르침에 금세기의 우리도 의지하고 있다. 그렇지만 신앙의 열광은 예상한 대로 일본에서도 미신을 동반하여 사라져 갔다.

아무래도 우리는 비과학적인 것을 두려워하고 눈에 보이는 것에 기대려 드는 약한 인간이다. 오늘날처럼 지식이 없어도 성실하고 훌륭하게 살던 시절이 있었다. 하지만 지금의 우리는 그 희미한 흔적에 매달려 행동하고 있는 존재에 지나지 않는다. 좀더 품위 있는 행위와 헌신을 촉구하는 천지의 소리가 우리 귀에 들려온다.

그럼에도 불구하고 우리는 신앙에 기대어 온갖 게으름을 다 피우고 있는 꼴이다. 그런 우리가 부끄러움에 얼굴을 들지 못하도록 여기 한 명의 위대한 인물을 소개하기로 한다.

2- 생애와 출가

 1222년 봄, 파도 치는 수평선 위로 태양이 솟구쳐 대지의 동쪽 끄트머리에 장밋빛 햇살을 가장 먼저 비추었을 때의 일이다. 아와_{女房} 지방의 동쪽, 곶_岬에 가까운 조그만 어촌에서 한 명의 아이가 태어났다. 아버지는 어떤 정치적인 이유로 세상을 피해 이곳으로 흘러 들어온 사람이었다. 지금은 가난한 예사 어부로 보였다.

 어머니 역시 버젓한 집안 출신으로, 열성적인 일륜(日輪=태양)의 신자였다. 오랜 세월 태양을 바라보며 빈 보람이 있어서 태양이 아이를 점지해준 것이었다. 그로 인해 점지해준 신과의 연분을 감안하여 아이의 이름을 젠니치마로_善

日麿라고 지었다. 이것은 나중에 설명하겠지만, 아들이 이 세상에 대한 자신의 사명을 정하는데 깊은 연관을 갖게 된다.

그의 출생에 관해서는 참으로 많은 불가사의와 서기瑞氣 등이 전해진다. 수정과 같은 샘물이 그 어부의 뜰에서 솟아나와 출산의 부정不淨을 씻었다거나, 근처에서 이상하리 만치 커다란 백련白蓮이 제 철이 아닌데도 피어나 공중에 방향芳香을 뿌렸다 등등.

금세기의 우리는 이것을 신심信心이 깊던 시절의 상상의 산물로 해석하고 말지만, 그렇다면 니치렌日蓮이 탄생한 날짜를 이야기하지 않을 수 없다. 그것은 이 젊고 열광적인 신도의 마음에 일본을 구하겠다는 엄청난 과제가 생겨날 때 다시 다루어야 할 문제가 되기 때문이다.

그 해는 부처 입멸 후 2171년, 즉 최초의 '정법正法 천 년'이 끝나고 제2의 '상법像法 천 년'이 흐른 다음, 제3의 마지막 '말법末法 천 년'이 이제 막 도래했음을 고한 해였다. 존사尊師가 예언했듯이 한 줄기 빛이 동방에 나타나 말세의 어둠을 비추리라는 기대가 있었다.

마침 젠니치마로의 탄생일이 음력 2월16일이었다. 부처의 생애에 최대 사건(입멸)이 있었던 것이 같은 달 15일이니 꼭 하루 뒤의 일이었다. 이런 우연의 일치는 우리의 주인공과 같은 인물에게는 대단히 중요한 의미를 갖는다.

젠니치마로가 12세가 되자 신심 깊은 부모의 판단으로 승려의 길을 가기로 결정했다. 그 후의 생애를 돌이키자면 비범한 어린 시절을 말해주는 수많은 놀랄만한 이야기들을 얼른 믿을 수 있게 된다. 세상을 피한 신세인 어부 아버지가 자신의 자식을 세상으로 내보내는 기회로서 불문으로의 출가를 선택한 것은 전혀 이상한 일이 아니었다. 엄격한 사회 차별이 있던 시절에, 종교의 길은 낮은 신분으로 태어난 천재가 세상에 자신의 존재를 알릴 유일한 방법이었던 것이다.

집에서 그리 멀지 않는 곳에 청징사淸澄寺라는 사찰이 있었다. 주지인 도젠道善은 학덕이 높아 인근에서는 알아주는 인물이었다. 소년 젠니치마로는 그 절로 보내졌다. 자애로운 스승은 젊은이에게 특별한 기대를 건 모양이었다. 4년 동안의 수행 뒤 득도하여 정식 승려가 되었고, 법명을 렌초蓮長라고 했다. 도젠은 이 젊은 제자의 뛰어난 재능을 인정하여 가능하면 자신의 후계자로 삼을 마음을 먹기 시작했다.

젊은이는 부모에게는 희망, 스승에게는 자랑이었다. 그

렇지만 겉으로 감추어져 보이지 않는 젊은이의 속마음에는 내적 갈등이 진행되고 있었다. 마침내 렌초는 고향을 떠나 해결의 불빛을 찾아 각지로 편력遍歷의 여로에 올랐다.

3- 안팎의 암흑

렌초가 한창 불교의 기본적인 지식 습득에 몰두해 있을 때, 몇 가지 해결하지 않으면 안될 문제가 생겨났다. 그 가운데 가장 분명한 과제는 불교에 무수한 교파가 존재한다는 사실이었다. 왜 그런가하고 그는 시름에 잠겼다.

"한 사람의 생애와 사상에서 시작된 불교가 지금은 아주 많은 종파나 분파로 나뉘어져 있다. 불교란 하나가 아니란 말인가."

"주위를 둘러보니 한 종파는 다른 모든 종파를 욕하고, 자기 자신만이 불교의 근본을 이룬다고 주장한다. 이것은 무엇을 뜻하는가. 바닷물은 똑같은 맛을 지니고 있다. 부처의 가르침에 두 개의 길이 있을 리 없다. 이 같은 종파의 분열을 어떻게 설명해야 하나. 과연 어느 종파가 내가 좇아야 할 부처의 길일까."

이것이 렌초가 품은 처음이자 가장 큰 문제였다. 아주 당연한 의문이라 하지 않을 수 없었다. 우리도 마찬가지 의문을 불교나 다른 종교에 대해 품은 적이 있다. 똑같은 고민을 안은 우리의 주인공에게 깊은 동정을 보내게 된다. 그 의문은 렌초의 스승인 주지나, 다른 어느 누구도 풀어주지 못했다. 도리 없이 렌초는 날마다 오로지 기도만으로 시간을 보냈다.

어느 날 렌초가 유난히 신봉하는 보살당菩薩堂에서 기도를 마치고 돌아올 때였다. 마음에 스민 무거운 짐을 견디지 못하여 땅바닥에 쓰러진 렌초가 입으로 왈칵 피를 토했다. 동료가 흔들어 깨우자 한참 지나서야 의식이 돌아왔다. 이 사건이 생긴 장소는 지금도 정확하게 전해 내려오고 있다. 근처의 조릿대나무숲의 잎이 약간 붉은 빛을 띠는 까닭이 당시 흘린 렌초의 피에 물든 탓으로 여겨지고 있는 것이다.

그러던 어느 날 저녁, 렌초는 부처가 입적하기 직전에 말했다는 열반경涅槃經에 눈길을 던지고 있었다. 그 때 다음과 같은 글귀가 이 젊은 승려를 사로잡았다. 그리고 헤매고 괴로워하는 마음에 무어라 말하기 힘든 해방감을 안겨주었다.

그것은 '의법불의인依法不依人', 진리의 가르침을 믿어 남에게 기대지 말라는 뜻이었다. 다시 말해 남의 의견은 제아무리 그럴싸하고 듣기 좋더라도 기댈만한 것이 못 된다, 불존佛尊에 의해 남겨진 경문이야말로 기댈만하다, 모든 의문은 그것으로 해결해야 한다는 사실을 깨달았던 것이다.

렌초의 마음은 드디어 편안해졌다. 의지할 대상을 찾아냈기 때문이었다. 지금까지의 모든 것은 발 밑에 잠긴 모래였다. 이 일본 승려의 이야기를 읽고 400년 전 유럽의 한 기도원에서 발생한 비슷한 사건을 떠올리게 된다.

한 젊은 독일인 수도사가 수많은 의문을 품고 의식을 잃을 정도로 고심하다가 어느 날 문득 오래된 라틴어 성서에 눈길이 갔다. 그는 그 성서를 읽으면서 마음의 안정을 되찾고 자신의 신앙과 생애의 보루로 삼았으며, 이후 오랜 세월 동안 굳게 지켰다는 이야기이다.

그러나 우리 불승佛僧의 경우 무엇이 권위 있는 성전聖典인가의 문제는 기독교의 마틴 루터처럼 단순하지 않았다. 독일인의 경우에는 오직 한 권의 성서에만 의지하면 그뿐이었다. 그에 비해 일본인 쪽은 때로는 서로 모순되는 몇 십 권의 경전이 있으며, 그 중에서 최고 권위의 경전을 스스로 가리지 않으면 안 되었다. 그렇지만 소위 '고등 비평'은 아직 알려져 있지 않았다. 이유를 불문코 그냥 옛 사람의 기록에만 믿음을 두면 그뿐이던 시절이었던 탓으로 그것은 비교적 간단한 일이었다.

우리의 주인공으로서는 하나의 경전 속에, 대승大乘과 소승小乘을 가리지 않고, 모든 우수한 경전의 연대순이 드러나 있다는 사실 하나만 판명되면 그것으로 충분했다. 그 경전에 표시된 순서로는 부처의 첫 설법을 포함한 것으로 간주하는 화엄경에서 시작하여 (1) 포교 최초 12년 간의 가르침을 수록한 아함경阿含經 (2) 그 다음 16년 간의 가르침인 방등경方等經 (3) 세 번 째인 14년 간의 반야경般若經, (4) 마지막 8년 간의 묘법연화경妙法蓮華經, 혹은 다른 이름인 법화경法華經이다.

이 순서에서 얻어지는 결론은 당연히 마지막으로 말해진 경전이야말로 부처의 평생 가르침의 에센스를 포함하고 있는 셈이 된다. 렌초의 말을 빌자면 그 속에야말로 만물의 원리, 영원한 진리, 부처의 본연本然과 깨달음이 지닌 힘의 비의秘義가 있었다. 따라서 묘법연화경이라는 아름다운 이름이 붙었던 것이다.

불교 경전의 정확한 순서나 상호가치를 비교하는 비판

적인 연구에 깊숙하게 발을 들이미는 것은 당면의 목적이 아니었다. 다만 렌초가 중시한 경전은 불멸 후 500년이 지난 후세의 산물이었다. 지금 말한 여러 경전의 순서를 밝힌 무량의경無量義經 역시 이 새로운 경전에 신빙성과 최고 권위를 부여할 목적에서 의도적으로 쓰여진 것이었다.

이상 말한 사실은 오늘날에는 정설에 가깝다고 해도 틀리지 않으리라. 그러나 그야 어쨌거나 우리의 주인공이 거기에 드러난 순서를 받아들여 법화경에서 불교 신앙의 기준과, 불교 내에 있는 여러 모순된 견해를 통째로 단순 명쾌하게 설명하는 말을 찾아냈다는 사실만 밝혀지면 그걸로 그만이었던 것이다. 그런 결론에 도달하자 렌초는 기쁨과 감사의 기분이 마음 속에서 솟구쳐 올라 눈물을 흘렸다. 렌초는 급기야 이렇게 생각했다.

"아버지와 어머니를 버리고 이 훌륭한 신앙에 몸을 바치기로 한 내가 아닌가. 범승凡僧 따위가 전해준 낡은 가르침에 얽매여 부처 스스로의 금언金言을 묻지 않고 있어서야 될 법이나 한 일인가."

이런 성스러운 뜻이 생겨났을 때 렌초의 나이는 스무 살이었다. 시골의 절에서 더 이상 웅크리고 있을 수만은 없었다. 도젠과 동료 승려들에게 이별을 고하고, 머나먼 곳에서 널리 진리를 탐구하기 위해 과감히 떨치고 나섰다. 렌초가 정한 최초의 목적지는 당시의 쇼군이 살던 도읍지 가마쿠라였다.

도읍에 당도한 한 명의 시골 승려의 눈에는 마치 로마를 찾아간 마틴 루터처럼, 눈에 비치는 것과 귀로 들리는 것이 하나 같이 이상했다. 거리에는 거대한 사찰과 화려한 승려가 있었으며, 허위 그 자체로 가득 채워져 있었다. 상류계층은 선종이, 하류계층은 정토진종이 지배하고 있었다. 전자는 무익한 사변思辨의 흙탕물에 빠져 있었고, 후자는 헛된 아미타에 대한 신심으로 정신을 빼앗기고 있었다.

부처의 가르침은 어디에서고 찾을 길이 없었다. 사실 불상 자체가 장난감처럼 어린아이에게 주어지고, 그냥 지어낸 존재인 아미타불이 불교 의식으로 칭해지는 예불의 최고 위치에 놓여져 있었던 것이다.

승복을 걸친 사람들이 공공연히 파렴치한 행동을 하고, 그걸 자만하고 있었다. 아미타의 이름을 불러야만 구제 받을 수 있지, 덕행이라든지 계율로는 아무 것도 이뤄지지 않는다고 가르치고 있었다. 이처럼 나무아미타불을 떠들썩하게 외치는 사람들 사이에 눈꼴사나운 짓거리가 횡행하는 광경이 목격되었다.

5년 동안 가마쿠라에서 직접 대한 사실들로 해서 렌초는 그가 받드는 성경聖經의 존사가 예언하신 것처럼, 말법末法이 세상에 도래했음을 알아차렸다. 그래서 새로운 세상을 열기 위해서는 새로운 신앙이 필요하며, 그 기회가 도래했음을 굳게 믿었다.

최근에는 널리 존경받던 다이아 상인大阿上人의 이상한 죽음이 모든 신도를 공포로 몰아넣었다. 그의 몸은 어린아이처럼 조그맣게 쪼그라들었고, 피부색이 먹처럼 까맣게 변했던 것이다. 다이아 상인이 지옥에 떨어졌음은 의심의 여지가 없었고, 그가 설파한 가르침의 악마에 의한 짓임이 분명해 보였다.

그와 동시에 하늘에 괴이한 현상이 나타났다. 그것이 무엇을 뜻하는 것이었을까. 서쪽 하늘에 붉은 색과 흰색의 세 줄기 기운이 뻗치더니 두 줄기 흰색은 사라졌으나 붉은 기운은 하늘 꼭대기를 향해 불기둥을 세운 듯이 남아 있었다. 이윽고 격렬한 지진이 뒤따라 발생하여 숱한 사찰 건물이 무너졌다. 또한 사람들과 가축이 자신들을 구해주리라 믿었던 사찰 건물의 파편에 깔려 신음하고 있었다.

"이 모두가 이 나라에 참된 경전이 설파되지 않고, 그릇된 것을 가르치고 그것을 믿는 탓이다. 나야말로 이 나라에 올바른 가르침을 되살리는 영원한 사명을 띠고 있는 게 아닐까……?"

이런 의문을 품은 렌초는 "도읍은 법을 퍼트리기에는 안성맞춤인 곳인지 몰라도 법을 배우기에는 적당치 않다"는 적확한 판단을 내려 가마쿠라를 뒤로했다.

부모 곁에 잠시 들린 뒤 렌초는 지식을 탐구하기 위해 다시 길을 나섰다. 모든 사기邪氣로부터 천황이 사는 곳을 지키기 위해 교토의 귀문鬼門 방향에 솟아 있는 에이잔(叡山=연력사)은 과거 1천 년 동안 일본에서 불교를 가르치는 중심이었다. 해발 2,500피트, 울창한 삼나무 숲에 에워싸여 있고, 아래쪽으로는 비와琵琶 호수의 장관이 한 눈에 들어왔다.

거기서 석존釋尊의 가르침을 연구하고, 묵상이 행해져 각지로 전해졌던 것이다. 가장 번성했던 시절에는 천황과 민중들에게 위협을 주는 3천 명이나 되는 강력한 승병을 거느리고 있었다. 따라서 온 산이 떠들썩한 군락群落이나 다를 바 없었으리라.

겐쿠가 공부한 곳도 여기였다. 겐쿠는 에이잔의 가르침에 반하는 알기 쉬운 교파를 열어 훗날 수많은 사람들이 신봉하기에 이르렀다. 그 제자이자 진종의 개조開祖인 한넨 역시 이곳의 학승이었다.

일본에 참된 불교를 퍼트리겠다는 커다란 뜻을 품은 렌초도 이제 400마일의 길을 걸어 에이잔으로 달려 왔다. 여기서 렌초는 광명을 얻기를 바라고 있었다.

렌초는 에이잔에서 새롭게 주어진 연구 기회를 살려 닥치는 대로, 마치 굶주린 사람처럼 허겁지겁 섭취했다. 하지만 렌초의 전문은 법화경이었다. 에이잔에서는 법화경의 귀중한 필사본이나 주석서를 쉽게 대할 수 있었다. 사실 에이잔을 중심으로 하는 천태종은 이 경전을 중시하고 있었다.

천태종에서 '60권 짜리'라 불리는 것은 법화경의 일부인 60권으로 된 주해였다. 중국의 천태종 개조인 천태는 법화경에 관한 30권 짜리 주해를 저술했다. 그 제자인 묘락(妙樂)이 스승의 주해만으로는 성에 차지 않아 새롭게 30권을 덧붙였다. 그만큼 법화경은 뛰어난 경전이었다. 그 중 10권은 이 경전의 이름을 이루고 있는 한자 여섯 글자를 각기 나누어 논하고 있다. 우리에게는 그다지 훌륭하게 여겨지지 않는 이 경전도 옛날 사람들에게는 그토록 뜻깊게 비쳐진 셈이었다.

10년이라는 긴 세월에 걸쳐 렌초는 에이잔에 머물면서

어려운 문제에 매달렸다. 우리는 렌초가 도달한 결론 밖에 말하지 못한다. 렌초는 다른 모든 경전을 뛰어넘어 법화경이 엄지손가락에 꼽힌다는 사실, 그것이 에이잔의 개조인 사이초에 의해 원형 그대로 일본으로 들어왔다는 사실, 그러나 그 뒤 에이잔 승려들이 가치를 제대로 깨닫지 못했다는 사실 등을 분명히 확인했다.

렌초는 자신의 확신을 더 연찬研鑽하여 굳히느라 몇 번이나 교토로 발걸음을 옮겼다. 나라와 다카노 산高野山으로도 갔었다. 그 결과 이제 아무런 의심의 여지가 없는 사실이 판명되고, 렌초는 자신의 일생을 법화경에 바칠 각오를 하기에 이른다.

어느 날 렌초는 자신의 앞으로 일본의 주요 신들이 빠짐없이 나타나 '수호해 주겠다'고 약속하는 것을 스스로의 눈으로 보았다고 한다. 그 신들의 모습이 허공으로 사라짐과 동시에 신들의 찬가가 하늘에 울려 퍼지면서 '사인행세간斯人行世間 능멸중생암能滅衆生闇'(이 사람이 세상을 다니며 사람들의 마음 속에 있는 어둠을 걷어주리라)고 고하는 소리가 들렸다. 그렇지만 렌초는 그 같은 환幻이나 하늘의 계시를 체험하기만 하는 단순한 신비가神秘家에 머물 인간이 아니었다.

이제는 나이도 32세, 친구도 없고 이름도 없는 존재였으나 독립 불기不羈(얽매이지 않음)의 존재였다. 렌초에게는 진종의 한엥처럼 내세울만한 조상의 혈통이 없었다. 바닷가에 살던 비천한 신분을 가진 사람의 아들이라고 훗날 자신을 설명했듯이, 일개 어부의 후예였다.

사이초, 구카이 등 뛰어난 학승들처럼 해외로 가서 배우지도 못했다. 외국 유학은 지금의 일본으로서도 꽤 중시된다. 서양에 다녀오면 지식 분야와는 상관없이 비밀을 푸는 열쇠를 지닌 사람으로 간주되는 것이다. 또한 다른 종파의 개조들이 대개 갖고 있던 든든한 후원자도 렌초에게는 전혀 없었다. 당연히 황실의 비호 따위는 상상조차 할 수 없었다.

렌초는 홀로 모든 권력에 대항했고, 당시 세력을 거느린 여타 종파와는 완전히 다른 사상을 내걸고 일어섰다. 그 후 일본에서 렌초와 어깨를 견줄만한 승려는 나오지 않았다. 하나의 경전과 법을 위해 자신의 생명을 걸고 일어선 인물은 렌초뿐이었다.

우리가 그의 일생에 관심을 기울이는 이유는 달리 있다. 그것은 그가 널리 퍼트린 가르침 때문이 아니다. 오히려 그걸 가능하게 만든 용감한 방법에 있었다. 참된 의미에서 일본에서의 법난法難은 렌초로 인하여 처음으로 빚어졌다고 말할 수 있으리라.

4- 선언

 예언자는 고향에 있지 못한다고들 한다. 그러나 슬프게도 예언자는 그의 공적인 생애를 영락없이 자신의 고향에서 시작한 게 사실이다. 예언자는 이 세상에서 살집이 없는 몸이면서 고향의 집에 이끌리는 것이다.

 무슨 일을 당할지 잘 알면서도 흡사 숫사슴이 골짜기의 물을 그리워하듯이 고향으로 향한다. 거기서는 배척 당하고, 돌로 맞고, 쫓겨난다. 렌초의 일생 역시 마찬가지였다.

 다 허물어져 가는 렌초의 집에서는 부모가 자식이 돌아오기를 애타게 기다리고 있었다. 부모는 자식이 젊은 날 몸담았던 절의 주지가 될 날을 꿈에 그리고 있었다.

부모라면 당연히 품을 수밖에 없는 소망을 거역한다는 것은 렌초가 직면한 최초, 최대의 시련이었다. 렌초는 이제 이름을 니치렌으로 바꾸었다. 그의 탄생을 안겨준 신과, 앞으로 세상에 펼치려고 하는 경전에서 유래한 이름이었다.

1253년 4월28일, 장밋빛 태양이 동쪽 수평선 위로 반쯤 모습을 드러냈을 때 니치렌은 드넓은 태평양이 내려다보이는 절벽에 섰다. 앞쪽의 바다와 뒤쪽의 산, 그 바다와 산을 통해 전 우주를 향하여 스스로 지은 기도를 되풀이했다.

그 기도는 모든 사람들을 침묵시키고, 니치렌을 따르는 사람에게는 땅이 끝나는 곳까지 서로 지닐 영원한 암호가 될 내용이었다. 불교의 진수와, 인간과 우주의 법을 구현하는 기도이기도 했다. 남무묘법연화경 南無妙法蓮華經, 즉 백련의 신묘한 법의 가르침에 삼가 귀의한다는 뜻의 말이었다.

니치렌은 아침에는 자연을 향하고, 저녁이면 마을사람들을 향해 가르침을 설파했다. 그의 명성은 이미 인근 일대에 널리 퍼졌다. 가마쿠라, 에이잔, 나라에서 15년의 연찬을 쌓은 니치렌인지라 마을사람들로서는 무언가 새롭고 깊이가 있으며 보탬이 될 이야기에 틀림없다고 믿었던 것이다. 그래서 늙은이나 젊은이나, 남자는 여자나, 어떤 사람은 진언의 주문呪文인 '하라하리타야'를 외면서, 어떤 사람은 정토종의 '나무아미타불'을 암송하며 모여들었다.

절은 사람들로 꽉 메워졌다. 향이 사방 구석구석 퍼지자 종소리와 더불어 니치렌이 높은 단상에 모습을 드러냈다. 얼굴 표정에는 밤을 꼬박 세운 근행勤行의 흔적이 엿보였다. 열광적인 믿음을 드러내는 눈과 예언자의 위엄이 갖추어진 한창 나이의 니치렌은 모여든 사람들의 눈길을 끌기에 충분했다.

입에서 터져 나올 첫 말씀이 무엇일지 침을 삼키며 지켜보고 있었다. 니치렌은 자신의 경이 된 법화경을 손에 들자 부드러운 표정과 낭랑한 목소리로 제6장의 일부를 읽으며 다음과 같이 말하기 시작했다.

"오랜 세월 동안 1만 권의 경전 연구에 매달려 왔습니다. 모든 종파의 경전에 대한 견해를 읽고 들었습니다. 그 하나에는 이렇게 적혀 있었지요.

부처 입멸 후 500년 동안은 아무 정진精進 없이 성불하는 사람이 많았습니다. 이어진 500년 동안에는 정진, 선정禪定에 매달려야 비로소 성불을 이뤘지요. 이것을 정법 천년이라고 말합니다.

그 후 독경讀經을 필요로 하는 500년과, 나아가 조사조탑造寺造塔에 노력하지 않으면 안 되는 500년이 있습니다. 이것을 상법像法 천년이라고 부릅니다.

이것이 지나가자 참된 경전이 감추어져 여래의 가르침의 공덕은 소멸되고, 어떠한 성불의 길조차 닫히고 마는 500년이 시작됩니다. 이것을 말법末法의 시작이라고 하며 1만 년 동안 이어집니다.

지금 세상은 말법에 들어간 지 벌써 200년이 지났습니다.

부처가 직접 가르침을 설파한지 너무 오랜 세월이 흐른 지금의 우리로서는 성불을 이룰 수 있는 길이 단 한 가지밖에 없습니다. 그 길은 묘법연화경의 다섯 글자에 포함되어 있는 길입니다.

그렇지만 정토종의 도배徒輩들은 이 귀한 경전을 물리쳤습니다. 게다가 선종은 이를 경시했고, 진언종은 자신들의 대일경大日經을 다리라고 치자면 그 다리에서 신발을 벗겨내는 역할보다 뒤떨어진다고 비난하고 있습니다.

이런 자들의 마지막은 불존에 의해 법화경 제2권의 비유품譬喩品에 적혀 있는 그대로입니다. 다시 말해 불교의 씨앗種을 끊는 자의 마지막은 반드시 무간지옥에 떨어질 것이라고 나와 있지 않습니까.

들을 귀와 볼 눈을 지닌 사람이라면 이런 점을 잘 헤아려 진위를 가릴 수 있어야 합니다.

정토는 지옥으로 떨어지는 길, 선은 천마天魔의 무리, 진언은 망국의 사종邪宗, 율律은 국적國賊이라는 사실을 모르면 안 됩니다.

이것은 내가 하는 말이 아니라 경에 적혀 있는 말씀입니다. 구름 위를 나는 두견새가 우는 소리를 들어보면 압니다. 때를 알아 모를 심기에 적당한 시기를 가르쳐줍니다. 만약 즉시 심지 않으면 곡식이 익을 때가 되면 후회할 것입니다.

지금은 법화경을 심을 때입니다. 나는 그를 위해 불존이 부리는 심부름꾼입니다."

니치렌이 말을 마쳤다. 으르렁거리는 노한 목소리가 화가 치민 청중들 사이에서 터져 나왔다.

정신 나간 녀석이니 내버려두라고 외치는 자도 있었다. 니치렌의 모독은 엄벌에 처해 마땅하다는 소리도 들려왔다.

집회에 참석했던 마을 관리는 니치렌이 성지에서 한 발자국이라도 바깥으로 나오기만 하면 즉시 죽이고자 작정했다.

그러나 다정한 노사老師는 자신의 제자가 언젠가 후회하고 예전의 올바른 가르침으로 돌아와 꿈에서 깨어날 것이라고 믿었다. 그래서 두 명의 제자에게 어둠을 틈타 마을 관리의 공격을 피하여 니치렌을 안전한 길로 데려 나가도록 명했다.

5- 홀로 세상에 맞서다

고향에 있을 수 없게 된 니치렌은 법을 퍼트리기에 알맞은 곳인 도읍지 가마쿠라로 직행했다. 그는 가마쿠라에서 오늘날도 마쓰바가야쓰松葉谷라 불리는 임자 없는 땅에 암자를 지었다. 법화경을 손에 든 니치렌은 그곳에다 거처를 정한 뒤 홀로 세상의 잘못을 바로잡는 일에 착수했다.

대大 일련종日蓮宗은 바로 이 암자가 발상지였다고 할 수 있다. 미노부(身延= 일련종의 총본산이 자리한 곳)를 위시하여 다른 거대 사원과 일본 각지에 있는 5천을 넘는 절, 그곳을 참배하는 200만의 신도-그 기원이 바로 이 암자와 한 사람의 인물에 있었던 것이다.

위대한 사업이란 항상 이런 식으로 탄생하는 법이다. 불굴의 정신과 그것을 탄압하는 세상, 그 사이에 영원히 위대해질 무엇인가의 탄생을 기대하게 된다. 20세기 사람들은 이 인물의 가르침은 차치하고라도, 그의 신앙과 용기를 먼저 배워야하리라.

그렇지만 일본에 들어온 기독교의 시작이 과연 그랬던지 곰곰 돌이켜 보자. 미션 스쿨, 미션 교회, 금전 살포, 인적 원조. 위대한 일련종에는 이 가운데 단 한 가지도 없었다. 일련종은 오직 한 사람에 의해 시작되었다.

암자에서 니치렌은 1년 동안 연찬과 명상, 그리고 침묵의 나날을 보냈다. 그 동안 나중에 닛쇼日昭라 불릴 한 명의 제자를 얻었다. 닛쇼는 일본 불교에 대한 니치렌의 견해에 공감하여 저 멀리 에이잔에서 달려왔다.

니치렌은 그게 너무 기뻤다. 왜냐하면 이로써 니치렌은 자신이 붙잡히거나 죽음을 당하여 자신의 가르침이 이 나라에서 단절되고 말 염려 없이, 대중들 앞에 모습을 나타내어 신명을 다 바쳐 설법을 펼 수 있었으니까 말이다.

이렇게 해서 니치렌은 1254년 봄, 일본에서는 최초로 길거리 설법을 개시했다. 니치렌은 가마쿠라 청중들의 욕설을 들으며 고향 사람들 앞에서 밝혔던 가르침을 그대로 되풀이했다. 승려의 신분을 가진 자가 길가에서 도를 설파하는 것은 예의에 어긋난다는 이의도 나왔다. 거기에 대해 니치렌은 전쟁 중에는 서서 밥을 먹지 않느냐고 딱 잘라 응수했다.

집권자가 숭배하는 신앙을 욕하는 것은 바람직하지 않다는 비난에 대해서는 "중은 부처님의 심부름꾼이다. 세상과 사람들을 무서워해서야 사명을 다하지 못한다"고 분명히 말했다. "다른 설법은 모조리 그릇되었다는 게 말이나 되느냐?"는 당연한 의문에 대한 니치렌의 설명은 간단했다. "발판은 절을 세울 때까지만 사용하는 법이다."

니치렌은 6년 간 쉼 없이 설법을 계속했다. 그 결과 마침내 사람들의 주목을 받기 시작했다. 쇼군 집안의 주요 직책에 있는 자를 포함하여 꽤 높은 지위에 있는 사람들까지 문하생으로 들어왔다. 그렇게 되자 적당한 시기에 억누르지 않으면 니치렌의 영향이 도시 전체를 뒤덮고 말리라는 우려가 새어나왔다. 각 사찰의 영향력 있는 고승들이 모여 가마쿠라의 신흥종교를 탄압할 논의를 했다. 그러나 니치렌의 담력은 한 덩어리로 뭉쳐 자신을 억누르려는 힘을 물리쳤다.

그 무렵 일본에 빈발하던 재난을 계기로 니치렌은 여태 그의 대표적 명저로 꼽히고 있는 《입정立正 안국론安國論》*을 펴냈다. 책에서 니치렌은 나라에 들이닥친 온갖 재앙을 들먹이면서, 그 이유가 사람들 사이에 잘못된 가르침이 퍼져 있는 탓이라고 몰아세웠다.

그는 수많은 경전에서 가려낸 여러 방증을 통해 그것을 증명했다. 니치렌에 따르면 구제의 길은 최고 경전인 법화경을 온 국민이 신봉하는 것이었다. 만약 이를 거부하면 그 결과는 내란과 외적의 침략이라고 지적했다.

일본의 고승들을 상대로 이토록 통렬한 말을 한 경우는 그때까지 없었다. 《입정 안국론》은 곧 전투 개시의 함성이자 결연한 선전포고였다. 싸움의 결말은 단 하나, 피아 간 어느 한쪽의 멸망 밖에 없었다. 그 어마어마한 열정은 광기와 흡사했다.

일본이 낳은 명군名君의 한 명인 호조 도키요리北條時頼는 이 열광도熱狂徒를 도읍지로부터 쫓아냄으로써 탄압을 가하려 했다. 그러나 이 정치가는 자신이 처분을 내리려는 인물에 관해 잘 알지 못하고 있었다. 그는 죽음을 각오한 인물이며, 자신과 완전히 닮은 인간을 벌써 몇 명이나 키워놓고 있었던 것이다. 그러니 어떤 시련이 닥쳐도 두려움을 느끼

---

*일본에 평화와 정의를 가져올 방안을 논한 책.

지 않을 인물이었다. 이런 사람에게는 무엇으로도 협박이 통할 리 없다.

   니치렌의 불적佛敵과의 싸움은 불굴의 용기에 의해 실행되었다. 하지만 급기야 이 작은 무리들은 힘이 소진되어 해산 당했고, 그 지도자는 먼 곳으로 유배되기에 이르렀다.

6- 유배流配

《입정 안국론》 이후 15년 간은 니치렌의 생애에서 세상의 권력과 지배자들과의 끊임없는 싸움이었다. 그는 먼저 이즈伊豆로 추방되었으나 그곳에서 보낸 3년의 유형流刑 생활 동안에도 개종자를 만들었다. 가마쿠라로 돌아오자 신도들로부터 싸움을 멈추고 종문宗門 내의 교화에 전념하라는 청원이 있었다. 여기에 대한 니치렌의 대답은 단호했다.

"지금은 말법의 시절이다. 과오의 독은 대단히 강하며, 절복*은 위험에 처해 있는 병자의 약으로는 불가결하다.

---

*折伏 = 불교에서 중생을 교화하는 한 방법. 즉 설법과 기도로 악을 꺾어 불법을 따르게 하는 것

언뜻 무자비하게 비칠지 모르나 이야말로 참된 자비이다."

니치렌은 금방이라도 그의 머리 위로 뒤집어 씌워지려는 파멸의 그림자에 개의치 않고 예전이나 다름없는 자세를 고수했다. 어느 날 저녁 무렵, 니치렌이 몇 명의 제자를 거느리고 포교를 하며 다니고 있으려니까 느닷없이 칼을 든 한 무리의 사내들이 공격해 왔다. 적의 우두머리는 니치렌이 4년 전 새로운 가르침을 선언했을 때, 이 부적不敵의 혁명가를 추방하기로 했던 관리가 분명했다.

스승의 생명을 지키려던 제자 가운데 승려 한 명과 신도 두 명이 살해당했다. 이로써 법화경으로 인한 일본 최초의 순교자가 나온 것이었다. 오늘날 똑같은 법화경을 신봉하는 수많은 신도들로서는 이 고귀한 희생이 결코 잊혀질리 없었다. 니치렌의 이마에는 '법'에 충실한 징표가 될 하나의 상처가 났으나 화를 면하여 피신할 수 있었다.

그러나 진짜 위험은 1271년 가을에 닥쳤다. 니치렌의 생명은 이때까지는 간신히 부지되고 있었던 것이다. 왜냐하면 당시에는 법률로 승려의 사형을 금지하고 있었기 때문이다. 니치렌의 무례하기 짝이 없는 언동은 인내의 한계를 넘었다. 그럼에도 불구하고 그의 까까머리와 승복 덕으로 엄격한 법 적용을 피할 수 있었다.

하지만 일본의 기성 종교에 대해, 또한 성속聖俗을 불문코 권력자에게 퍼붓는 니치렌의 험담을 더 이상 간과할 수 없다고 판단한 집권자는 예외적인 비상조치로 니치렌을 사형집행인의 손에 넘기기로 결의했다. 이것이 일본 종교사상 이름높은 '용의 입龍口 법난' 사건이었다.

그 역사적인 신빙성은 최근에 와서 의문시되고 있다. 그러나 뒷날 신도들의 맹목적 신앙심에 의해 덧붙여진 기적을 빼자면 법난이 있었다는 사실에는 의심의 여지가 없다.

그것은 통상 다음과 같이 전해 내려온다.

> 망나니가 마지막으로 내리치고자 칼을 높이 쳐든 순간, 니치렌이 '임형욕수종臨刑慾壽終, 염피관음력念彼觀音力, 도심단단괴刀尋段段壞'*라고 경문을 외우자 하늘에서 한 줄기 바람이 불어 내렸다. 주위 사람들은 큰 혼란에 빠졌다. 칼날은 세 동강이 났고, 망나니의 손이 마비되어 다른 한 자루의 칼로도 내리치지 못했다. 그 직후 한 명의 사자使者가 전 속력으로 말을 몰아 현장에 도착하여 가마쿠라로

---

*법화경에 나오는 것으로, 형틀에서 목숨이 달아나려고 할 때 관음력을 끌어올리면 칼날이 산산조각 난다는 뜻.

부터의 사면장을 내밀었다. 법화경이 이루려던 목적은 이렇게 해서 달성되었다.

그렇지만 우리는 이 사건을 기적의 도움을 빌리지 않고도 설명할 수 있다. 승직에 있는 사람의 목숨을 앗으려던 망나니는 영문 모를 공포에 휩싸였는데, 이것은 당시로서는 당연히 생겨남직한 일이었다. 그는 태연자약한 태도로 남몰래 기도를 올리면서 드디어 칼을 내리치려고 했다. 그런 망나니가 위엄에 가득 찬 승려 니치렌의 태도를 보았더라면 가엽게도 온몸이 떨렸을 것임을 쉽사리 상상할 수 있다.

죄 없는 승려가 피를 흘리는데 한 몫 거든다는 사실에까지 생각이 미치면 두려움에 망나니의 손은 더욱 벌벌 떨렸으리라. 똑같은 공포가 이 이례적인 사형을 명했던 위정자도 엄습했음에 틀림없다. 위정자는 즉시 사형 대신 유배에 처하는 선고문을 지닌 사자를 형장으로 급파했던 것이다. 간신히 니치렌은 위기를 벗어났지만, 그것은 자연스러운 결과이기도 했다.

사형을 대신한 유배도 엄벌이었다. 니치렌은 이번에는 동해의 고도孤島 사도佐渡로 보내졌다. 사도는 당시로서는 일본에서 가장 접근이 어려운 섬으로 여겨졌으며, 중죄인을 유배 보내는 곳으로 이용했다. 니치렌이 이 섬에서 5년이라는 유형 기간을 이겨낸 사실은 그것만으로도 충분히 기적으로 불릴 만 했다.

어느 해의 혹독한 추위를 니치렌은 마음의 양식인 법화경 외에는 아무 것도 없이 견딘 적이 있었다. 유배가 니치렌에게 안겨준 것은 육체에 대한 마음의, 힘에 대한 영靈의 승리였던 것이다.

유배가 끝날 무렵 니치렌은 자신의 신앙세계의 영토를 새롭게 넓히기에 이르렀다. 그 때 이래 사도와, 사람들이 많이 살던 인접 에치고越後는 니치렌의 가르침을 따르는 열성적인 신도들이 부쩍 늘어났다.

니치렌의 그 같은 불굴의 용기와 인내에 대해 이제 가마쿠라 막부조차 공포와 더불어 존경을 품기 시작했다. 게다가 외적이 침입할 것이라던 니치렌의 예언이 들어맞아 몽고군의 침략이 있었다. 그로 인해 막부는 니치렌의 가마쿠라 귀환을 허락했다(1274년).

가마쿠라로 돌아오자마자 니치렌은 일본에서 마음놓고 설법을 퍼트릴 수 있는 허가장을 손에 넣었다. 드디어 정신이 이긴 것이었다. 니치렌의 정신은 그 후 700년에 걸쳐 큰 세력을 지니게 된다.

7- 최후의 날들

이 인물의 나이도 이제 그럭저럭 52세, 일생의 대부분을 편하게 잠 한 번 들지 못한 채 세상과의 싸움으로 보내왔다. 그는 지금 일본인을 상대로 자유롭게 포교할 수 있는 몸이 되었다. 그러나 그런 허가를 내린 이유가 니치렌으로서는 마음에 들지 않았다. 집권자가 그에게 자유를 허락한 것은 공포를 느꼈기 때문이었다.

그렇지만 니치렌 쪽은 집권자와 백성들이 기꺼운 마음으로 법화경을 믿고 받아들여 주기를 바랐다. 당시 니치렌은 인도의 종교적 스승들이 하는 식을 본받아 산으로 은거하여 조용한 명상과 제자 교육을 하면서 여생을 보낼 생각을 하기 시작했다. 바로 그런 점이 니치렌의 위대한 면모이며, 그의 종파가 영속하고 있는 커다란 이유라고 믿는다. 세상이 니치렌을 받아들이기 시작하자 니치렌은 세상을 떠났던 것이다.

그러나 니치렌의 제자들로서는 선교 금지 철폐가 기성 종파 신봉자에 대한 공공연한 공격 행동의 스타트를 뜻했다. 사원들이 잇달아 절복 당하여 함락되었던 것으로 전해진다. 열광 신도들의 행동은 유명했다. 저마다 손에 북을 들고 치면서 '나무묘법연화경南無妙法蓮華經'을 되풀이해서 외친다. 스무 명이 합창을 하면 귀를 막아야 할 지경이었다.

몇 백 명씩 떼를 지어 열광적으로 돌아다녔다. 집에서 집으로, 절에서 절로, 새로운 신앙 앞에 즉시 항복하도록 요구하며 다녔다. 그렇게 가마쿠라를 온통 헤집고 다니며 포교한 결과는 어렵지 않게 상상이 간다. 제창자의 열정과 열화, 비관용非寬容은 오늘의 신도들마저 인정하고 있다. 본시 부드럽고 염세적인 불교에서 오직 이 종파만은 전투적인 열정을 지니고 있었던 것이다.

우리의 주인공은 만년을 평온하게 보냈다. 후지산富士山 서쪽, 미노부 산身延山에 거처를 정했다. 남쪽으로는 드넓은 태평양이 한눈에 들어오고, 가까이에 여러 산들이 자태를 뽐내는 곳이었다. 니치렌은 이곳에서 자신이 예언했던 대로 1281년의 몽골 재침을 보았다. 그 결과 니치렌의 명성과 영향력은 급속도로 높아졌다. 그 대사건의 이듬해, 니치렌은 재가在家 제자의 집에 초대받아 갔다가 거기서 1282년 10월 11일 타계했다.

니치렌의 마지막 희망은 그의 가르침이 천황이 살고 있는 교토에도 퍼져 이윽고 '천청天聰'(천황의 귀에 들어간다는 의미)에 달하는 것이었다. 그는 그런 목적을 겨냥하여 당시 14세이던 소년 니치조日像를 지명했다.

그가 임종할 때 유난히 눈길을 끄는 광경이 있었다. 사람들이 임종하면서 위안으로 삼도록 불상을 니치렌의 머리맡으로 옮겼다. 그렇지만 니치렌은 손을 저으면서 즉시 불상을 치우라는 시늉을 했다. 기분이 상한 듯한 표정이 역력했다. 그래서 그 대신 웅혼한 글씨로 법화경이라고 적힌 걸개를 그가 누운 벽에 걸었다. 그러자 니치렌은 그쪽 방향으로 느릿느릿 몸을 돌리더니 합장한 다음 마지막 숨을 거두었다.

니치렌은 경전 숭배자였지 우상 숭배자가 아니었던 것이다.

8- 인물평

　니치렌만큼 수수께끼에 가득 찬 인물은 일본 역사에서 나타난 적이 없다. 그는 적에게는 모독자, 위선자, 사리사욕을 채우는 자, 사기꾼이었다. 수상쩍은 그의 행동을 증명하는 책이 출간되었고, 그 중에는 실로 교묘하게 쓰여진 것도 있었다. 니치렌은 불교가 그 적으로부터 조롱당할 때의 공격 목표로서 안성맞춤이었다.

　그는 자신의 종파를 제외하고는 같은 불교도들로 인해 불교가 받을 비난을 모조리 떠 안아야했던 이른바 속죄양이었다. 일본에서는 그처럼 많은 중상과 비난을 뒤집어쓴 인물이 없었다. 기독교가 일본에 등장하자 그쪽에서도 엄청난 돌멩이가 쏟아졌다. 옛날 저명한 목사 한 사람이 거기에 몰두했다는 사실을 나는 안다.

그러나 나는 설령 나 혼자뿐이더라도, 이 인물을 위해 필요하다면 내 명예를 걸어도 좋다는 각오를 했다. 니치렌의 여러 가르침은 오늘날의 비평을 감당하기 힘들다는 사실을 인정한다. 그의 논법은 조잡하고, 어투 전체가 이상하다. 그는 확실히 어느 한 쪽에만 치우쳐서 돌출한, 밸런스를 잃은 인물이었다. 하지만 만약 니치렌에게서 그릇된 지식, 타고난 기질, 시대와 환경이 안겨준 것들을 제거해 버린다고 치자. 그 후 남는 것은 참으로 성실한 인간, 가장 정직한 인간, 일본인 가운데 그보다 더 용감한 인간은 찾을 수 없게 된다.

위선자라면 25년 이상이나 위선을 가장하지 못한다. 또한 그런 위선자를 위해서 목숨을 던지는 수 천 명의 신도가 있을 리 없다. "부실한 인물은 종교를 시작하지 못한다"고 토마스 칼라일이 외쳤다. "왜냐하면 부실한 인간은 기와집 한 채도 짓지 못하기 때문이다"고 했다.

니치렌 사후 600년이 흐른 지금, 주위를 둘러보면 4천 명의 승려와 8천 명의 교사를 거느린 5천 여 사찰이 있다. 그 사찰에서는 150만에서 200만의 신도가 이 인물이 정해 놓은 기도를 지키고 있다.

이 같은 사업을 염치없는 사기꾼이 한 짓이라고 주장하는 사람이 있다니! 그 말을 믿자니 무엇보다 내 인간성에 대한 신뢰가 용납하지 않는다. 만약 거짓이 이 지상에서 그토록 오래 이어진다면 우리는 도대체 달리 무슨 수로 진실과 허위를 분간해야 옳단 말인가.

가장 두려움을 모르는 인간, 그의 용기는 자신이 부처가 이 세상에 보낸 특별한 심부름꾼이라는 확신에서 생겨났다. 니치렌 자신은 별 볼일 없는 '바닷가 가난한 어부의 아들'이었다. 그러나 법화경 전도자로서의 능력에 있어서는 하늘과 땅에 필적할 만큼 중요했다.

"나는 보잘것없는 일개 승려입니다."

어느 날 니치렌이 한 명의 권력자를 앞에 두고 말했다.

"하지만 법화경 포교자로서는 석존의 특사랍니다. 게다가 범천梵天은 내 오른쪽에, 제석천帝釋天은 내 왼쪽에서 나를 지킵니다. 또 일천日天이 앞장서서 나를 이끌고, 월천月天이 뒤따릅니다. 우리나라의 신들은 모두 머리를 숙이고 나를 받듭니다."

니치렌은 스스로의 생명을 무겁게 여기지 않았다. 그렇지만 일본인은 그를 박해했다. 그것이 니치렌에게 말할 수 없는 슬픔을 안겨주었다. 만일 그를 발광한 사람으로 치자면, 그것은 최고의 자존심과 잘 구분되지 않는 숭고한 광기였다. 최고의 자존심이란 이뤄내야 할 사명의 가치에 따라 자신의 가치를 알아차리는 일이다. 스스로를 이렇게 평가한 인물은 역사상 니치렌 한 사람만이 아니었다.

따라서 성전聖典, 특히 니치렌에게 있어서 법화경은 엄청난 박해 속에서도 한없는 위안을 주었다. 유배를 떠나는 니치렌을 태운 배가 출항하려 할 때의 일이다. 사공의 우두머리가 스승의 배에 다가서려는 사랑하는 제자의 팔을 노로 후려쳐 부러뜨렸다. 통증을 참지 못하는 제자를 향해 니치렌이 이런 위로의 말을 던졌다.

"잘 들어라, 말법의 세상에 성전을 퍼트릴 자는 몽둥이로 맞고 유배 가는 것을 피할 도리가 없다. 2천 년 전 법화경에 기록된 일이 지금 우리를 덮친 것이다. 그러니 법화경 승리의 날이 가까웠음을 기뻐하거라."

유배의 몸이 된 니치렌이 제자들에게 보낸 편지에는 행간마다 경전의 말씀이 인용되어 있다. 그 중 다음과 같은 대목이 있다.

열반경에 무거움을 가벼움으로 바꾸는 전중경수轉重輕受의 가르침이 있다. 현세에서 힘든 경험을 하면 내세에서는 쉬운 일이 보증된다. 제바提婆 보살은 이교도에게 살해 당했고, 사자師子 존자는 목이 비틀리고, 용수龍樹 보살은 온갖 시련을 겪었다. 정법의 세상인 불국佛國에서 말이다. 하물며 세상이 막가는 말법의 시작이니 얼마나 다난하겠느냐.

루터에게 기독교 성서가 소중했던 것과 마찬가지로 니치렌에게는 법화경이 귀중했다. "내가 받드는 경을 위해서 죽을 수 있다면 목숨이 아깝지 않다"는 말은 거듭되는 위기에 직면할라치면 저절로 튀어나오던 니치렌의 입버릇이었다. 어떤 의미에서는 우리의 루터처럼 니치렌 역시 성전 숭배자였을지 모른다. 성서는 분명히 모든 우상이나 권력을 넘어서는 고귀한 숭배 대상이다. 그것 때문에 죽음을 마다않는 사람은 수많은 영웅을 뛰어넘는 고귀한 영웅이나 다를 바 없다.

니치렌을 비난하는 현대의 기독교도, 그네들의 성서가 먼지를 잔뜩 뒤집어쓰고 있는지 아닌지 알아보자. 예를 들어 성서의 말씀을 매일 입에 올리고, 거기서 직접 영감을 얻는다고 치더라도, 자신이 파견된 곳의 사람들에게 성서가 받아들여지도록 만드느라 15년이라는 세월에 걸쳐 갖은

박해를 다 견뎌낼 수 있을까? 과연 성서를 위해 신명을 다 바칠 수 있겠는가?

이 물음을 자기 자신에게 던져봐 주었으면 좋겠다. 성서는 다른 어느 서적보다 훨씬 인류의 개선에 도움을 주어왔다. 그것을 지니고 있는 사람들이 니치렌을 돌로 치는 따위의 일은 결코 일어나서는 안 된다.

니치렌의 사적인 생활은 더 없이 간소했다. 가마쿠라의 암자에 거처를 정한 이래, 30년 뒤 미노베에서도 똑같은 건물에서 지냈다. 유복한 신도도 있었으므로 원하기만 한다면 얼마든지 편안한 생활을 보낼 수 있었다.

불적으로 불린 자에게는 가혹했지만, 가난한 사람들이나 학대받는 사람들에게는 너무나 자상한 인물이었다. 제자에게 보낸 편지에는 저 《입정 안국론》의 화염 같이 치열한 면모와는 전혀 달리, 참으로 부드러운 마음이 담겨 있었다. 제자들이 니치렌을 존경한 것은 당연하기 짝이 없었다.

확실히 니치렌의 생애는 마호메트에게서 다처주의를 뺀 생애를 연상시킨다. 마찬가지로 강인한 정신과 이상하리만치 열광성이 있었다. 그러나 이와 아울러 두 인물에게는 목적을 위한 성실함이 있었고, 내면에는 깊고 부드러운 자애의 마음이 있었다. 다만 일본인 니치렌이 경전에 대해 가졌던 확신은 아랍인 마호메트가 코란에 대해 품고 있던 것보다 강했다. 이 점에서 나는 전자 쪽이 후자보다 위대했다고 믿는 것이다.

니치렌은 경전을 신뢰했던지라 물리적인 힘이 필요하지 않았다. 전혀 남의 힘을 빌 이유가 없었으며, 경전 자체가 이미 큰 힘이었다. 그 가치를 확립하고자 하는 노력은 아예 필요 없었다. 역사의 결과 마호메트에게서 위선자라는 오명은 벗겨졌다. 마찬가지로 니치렌을 정당하게 평가하려는 노력이 좀더 행해져야 하리라 본다.

그리하여 니치렌으로부터 13세기라는 시대의 의상衣裳과, 비판적 지식의 결여, 그리고 내면에 깃들인 이상한 분위기(위인들이 누구나 가지고 있는 듯한)를 제거해 보기로 하자. 그러면 우리의 눈앞에는 정말로 훌륭한 인물, 세계의 위인들과 비교하더라도 최대급의 인물이 있음을 알아차리게 된다.

일본인 가운데 니치렌 만한 독립인은 달리 찾을 길 없다. 니치렌이야말로 그 창조성과 독립심으로 불교를 일본의 종교로 만들었다. 다른 종파가 모두 인도나 중국, 한국인에게 그 기원이 있는 것과는 달리 일련종만이 순수한 일본 종파라고 할 수 있다.

니치렌의 대망은 동시대의 세계 전체를 시야에 넣고 있었다. 불교는 그때까지 인도에서 출발하여 동쪽인 일본을 향해 나아왔다. 하지만 니치렌 이후로는 그것이 개량되어 일본에서 인도를 향해 서쪽으로 나아간다고 니치렌이 말했다. 여기서 알 수 있듯이 피동적이고 수용적인 일본인 가운데 니치렌은 예외적인 존재였다.

물론 니치렌은 자기 자신의 의지를 갖고 있었으므로 그리 쉬 다룰 수 있는 인간이 아니었다. 그러나 그런 인물이라야만 비로소 국가의 중추가 되는 법이다. 이에 반하여 애교 있고, 유순하고, 수용력과 의타심이 뛰어난 자는 대체적으로 나라의 수치가 될 따름이다. 개종업자改宗業者들이 제 모국에 보내는 보고서에 개종자 숫자를 부풀리는데 이용될 뿐인 것이다.

니치렌에게서 너무 투쟁적인 면을 살짝 빼버린 인물상, 그것이 우리가 이상으로 삼는 종교인이다.